もっと深い旅をしよう

観光コースでない ワシントン

Another Washington

歴史と戦争が刻まれる街

福田直子

高文研

ワシントンから見えるアメリカ

日本人の中には、ニューヨークやロサンゼルスへ行ったことはあるが、首都のワシントンには行ったことがないという方も多いのではないだろうか。

ワシントンは、あふれるような緑に囲まれ、整然とした街なみである。パリやロンドンのような華やかさや喧騒はない。超大国の首都でありながらこじんまりとしている。経済活動はニューヨークに譲り、政治の街となっているからであろうか。

俗にアメリカの歴史は「語り継がれるストーリーであり、自分たちをどう見ているのか、アメリカ人はどういったストーリーを信じてきたか」の連続であるという。

アメリカのどの都市よりもリベラルで高学歴、高収入を得ている住民が多く住むワシントンは特殊であってアメリカではない、という意見もある。しかし、ワシントンの街からアメリカの素顔を垣間見ることは多い。

ワシントンは首都制定時から二〇〇年以上にわたり、人種、階層、そして権力闘争が繰り広げられてきた場である。首都は国全体の在り方を表す「鏡」であるとともに、人種問題が最も顕著に表れる場でもある。アメリカが自由と平等を標榜しつつ、いかに矛盾に満ち溢れた道を歩んできたのか、ワシントンからはアメリカ特有の「理想と現実」のダブルスタンダードがみてとれはしないだろうか。

そもそもワシントンとなった場所は南部に属し、奴隷市場があった。奴隷貿易が廃止されたあとも黒人が多数を占める首都として、公民権運動の「主戦場」となった。東南部の住民は依然として貧しく、ワシントンではアメリカに染み渡る人種や収入の違いによる格差問題が顕著に表れる。

もっとも人種問題ばかりに焦点をあてるとすると、本書だけでは到底、足りなくなる。明らかなのは、時代ごとの治世者たちが有力者たちとの連携で、ワシントンを舞台に常に綱引きをしてきたということだ。そこはアメリカの政治を動かす心臓部として、また、超大国の首都ワシントンで下される政治判断は日々、世界政治に影響を与えている。

本書はワシントンにある記念碑や象徴的な建物などを通じてワシントンの街を紹介することが目的であるが、それだけではない。アメリカの歴史を極めてコンパクトに語るとともに、公に知られている歴史的事実だけでなく、「裏の歴史」も紹介しつつ、人種問題その他の権力者たちの変遷を映し出そうという、極めて欲張りなコンセプトに基づいている。

なお表記にあたっては、正式には「ワシントンDC」ではあるものの、ここでは日本の読者になじみのある「ワシントン」としたい。また、時代の推移とともに日本に長く定着していたカタカナ表記も変わってきている。たとえば、「リンカーン」は現地の発音に近い「リンカン」とした。

近年は、黒人ではなく「アフリカン・アメリカン」、インディアンではなくそれぞれの部族か先住民、あるいは、「ネイティブ・アメリカン」にすべきという言葉上の表記をめぐって、是非が問われることが多くなった。しかし、黒人は「アフリカン・アメリカン」と呼ばれることを好むとしても、インディアンが必ずしも、「ネイティブ・アメリカン」と呼ばれることを望まないという。ここではアメリカ大陸にもともと住んでいた民族を総称して「先住民」とし、基本的に「インディアン」という呼称がつく固有名詞はそのまま使うことにする。

福田 直子

※──もくじ

ワシントン関連略図①
国立公文書館《NARA-II》
（メリーランド大学、
カレッジ・パーク内）
ワシントン
全米ライフル協会
（NRA）の銃器博物館
冷戦博物館
（ヴィント・ヒル）
海兵隊博物館
（クアンティコ）
メリーランド州
デラウェア州
ヴァージニア州
ポトマック川
チェサピーク湾
シャーロッツビル
トーマス・
ジェファソン邸
（モンティチェロ）
南部連合の大統領官邸
（リッチモンド）
アメリカ合衆国
ワシントン
N
0
20km
270
695
95
495
97
66
64
295

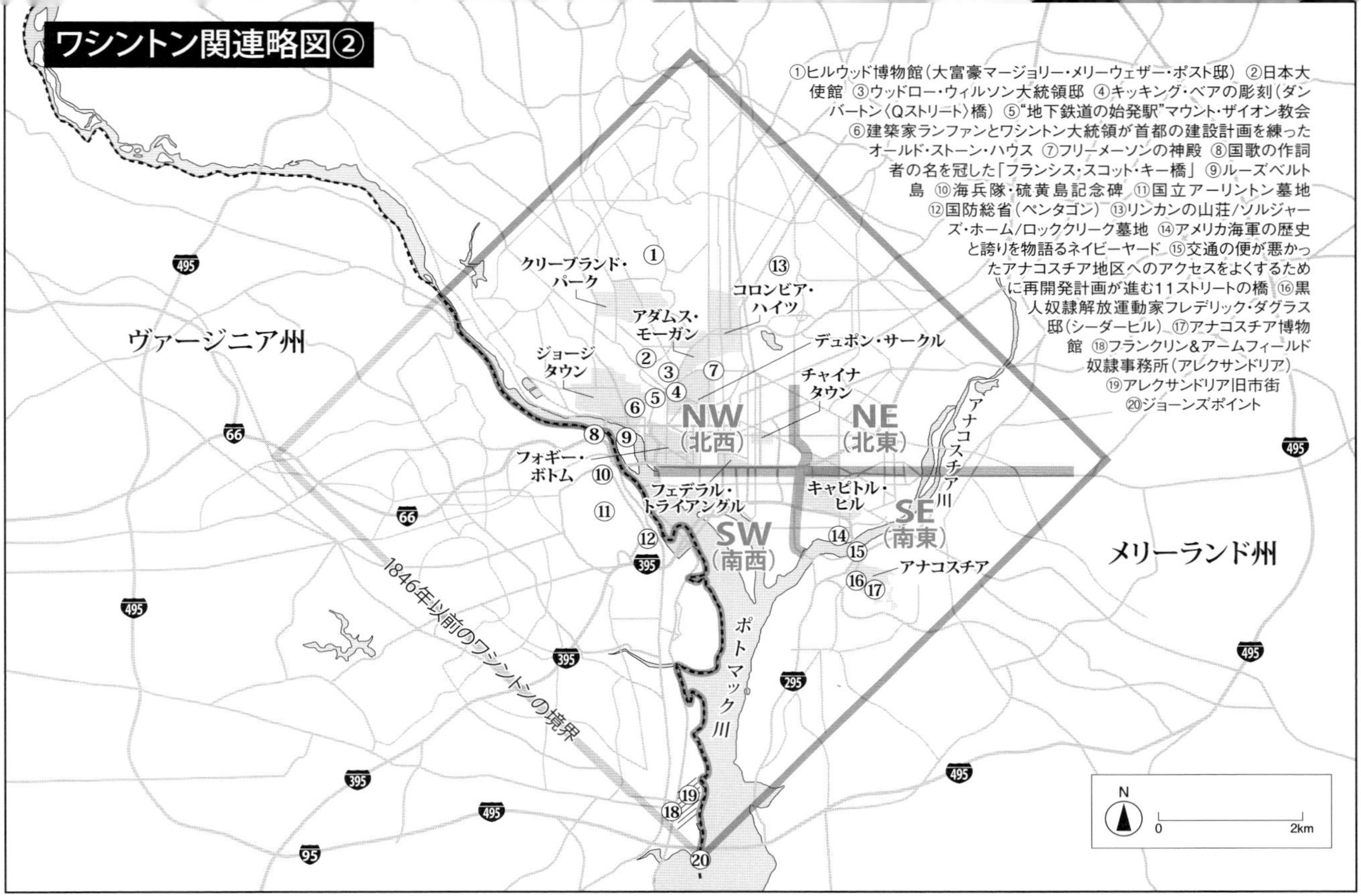
ワシントン関連略図②
①ヒルウッド博物館（大富豪マージョリー・メリーウェザー・ポスト邸） ②日本大使館 ③ウッドロー・ウィルソン大統領邸 ④キッキング・ベアの彫刻（ダンバートン〈Qストリート〉橋） ⑤"地下鉄道の始発駅"マウント・ザイオン教会 ⑥建築家ランファンとワシントン大統領が首都の建設計画を練ったオールド・ストーン・ハウス ⑦フリーメーソンの神殿 ⑧国歌の作詞者の名を冠した「フランシス・スコット・キー橋」 ⑨ルーズベルト島 ⑩海兵隊・硫黄島記念碑 ⑪国立アーリントン墓地 ⑫国防総省（ペンタゴン） ⑬リンカンの山荘/ソルジャーズ・ホーム/ロッククリーク墓地 ⑭アメリカ海軍の歴史と誇りを物語るネイビーヤード ⑮交通の便が悪かったアナコスチア地区へのアクセスをよくするために再開発計画が進む11ストリートの橋 ⑯黒人奴隷解放運動家フレデリック・ダグラス邸（シーダーヒル） ⑰アナコスチア博物館 ⑱フランクリン&アームフィールド奴隷事務所（アレクサンドリア） ⑲アレクサンドリア旧市街 ⑳ジョーンズポイント
ヴァージニア州
メリーランド州
クリーブランド・パーク
アダムス・モーガン
コロンビア・ハイツ
ジョージタウン
デュポン・サークル
チャイナタウン
NW（北西）
NE（北東）
SW（南西）
SE（南東）
フォギー・ボトム
フェデラル・トライアングル
キャピトル・ヒル
アナコスチア川
アナコスチア
ポトマック川
1846年以前のワシントンの境界
495
66
395
295
95
N
0
2km

①リンカン記念堂 ②ベトナム戦争記念碑 ③朝鮮戦争記念碑 ④リフレクティング・プール ⑤DC戦争記念碑(第一次世界大戦記念碑) ⑥キング牧師記念碑 ⑦日本の灯籠 ⑧フランクリン・ルーズベルト記念碑 ⑨日本の石塔 ⑩ジェファソン記念碑 ⑪キューバとの友情の壺(イーストポトマック公園) ⑫カイロビル ⑬スコット将軍像 ⑭ローガン将軍像 ⑮海軍提督デイヴィッド・ファラガット像 ⑯米国最大の在郷軍人会「アメリカン・リージョン」本部 ⑰黒人奴隷の部屋が保存されているディケーター・ハウス(博物館) ⑱“インディアン・ファイター”アンドリュー・ジャクソン像(ラファイエット広場) ⑲ホワイトハウス ⑳ウィラードホテル ㉑国立アフリカン・アメリカン博物館 ㉒第二次世界大戦記念碑 ㉓ワシントン記念塔 ㉔ホロコースト記念博物館 ㉕国立アメリカン歴史博物館 ㉖トランプホテル(旧郵便局ビル) ㉗ナショナル・ポートレート・ギャラリー ㉘海軍記念碑プラザ ㉙国立公文書館(NARA) ㉚国立建築博物館(旧年金ビル) ㉛殉職警官の記念碑(ジュディシュアリー広場) ㉜ニュージアム ㉝スミソニアン航空宇宙博物館 ㉞国立アメリカンインディアン博物館 ㉟グラント将軍像 ㊱議事堂 ㊲ジャパニーズ・アメリカン記念碑 ㊳ユニオン駅 ㊴「外国戦線退役軍人の会」記念碑 ㊵最高裁判所 ㊶議会図書館 ㊷奴隷解放記念碑(リンカン公園) ㊸傷痍軍人の碑 ㊹メイン魚市場

⑫
デュポン・サークル
⑭
ロードアイランド通り
ニューハンプシャー通り
コネチカット通り
⑬
16ストリート
14ストリート
11ストリート
Kストリート
⑯
⑮
⑰
⑱
⑲
ホワイトハウス
㉗
⑳
17ストリート
15ストリート
ペンシルベニア通り
㉘
㉖
ベトナム戦争記念碑
コンスティテューション通り
②
㉑
㉕
ワシントン記念塔
①
㉓
リンカン記念堂
④
㉒
モール
ホロコースト記念博物館
③
⑤
インディペンデンス通り
㉔
⑥
⑦
メイン通り
タイダル・ベースン
ポトマック川
⑧
⑨
⑩
㊹
395
⑪

装丁＝商業デザインセンター・増田 絵里

I

ワシントン素描

ワシントンは抗議をする街でもある
（トランプホテル前〈旧郵便局ビル〉）

緑の特別地区

アメリカの首都、ワシントンＤＣは、ジョージ・ワシントン初代大統領とアメリカ大陸の「発見者」とされるコロンブスにちなみ、「ワシントン、コロンビア特別地区（District of Columbia=DC）と名づけられた。ワシントン州と区別するためにワシントンＤＣあるいは、あるいは略字だけをとってＤＣと呼ばれるが、本稿では以降、ワシントンと呼ぶことにする。

ワシントンは面積からすれば東京二三区の約四分の一ほどしかない。人口わずか六〇万人あまりの首都は、人口密度も東京に比べてはるかに低い。

「首都の半分は森林であるべきだ」と第三代大統領、トーマス・ジェファソンは語った。街中にはいたるところに樹木や公園があり、緑があふれている。ワシントン市内の土地は約四分の一が連邦政府の所有で、全面積の一六％が国立公園だ。

ワシントンを訪れる人数は年間二〇〇〇万人以上。大半が国内からの訪問者で、アメリカ人として、一度は「首都詣で」をしなければならない、という意識からだろう。全国から修学旅行の生徒たちがやってくる。

五〇州の代表として、ワシントンの街にはアメリカの歴史が集約されている。ワシントン記念塔、リンカン記念堂、議事堂（キャピトル）、ホワイトハウス、戦争記念碑、英雄たちの銅像、公文書館の独立宣言や憲法、スミソニアン博物館群、美術館、アーリントン墓地など。ワシントンは、「象徴的な首都」として国威発揚の役割も担っている。

「中心軸」は議事堂

ワシントンの面積は現在、約六八平方マイル（約一七七平方キロメートル）。このうち約一〇%が池や川である。緯度でいえば、日本の東北地方に相当し、冬の寒さは厳しい一方、湿度が高い、夏の蒸し暑さは半端ではない。

街の中心は、議事堂。市内は、議事堂を軸として、南西（SW）、南東（SE）、北西（NW）、北東（NE）と、四つの地区（クアドラント）に分かれている。

通りの名前は主に、南北の通りが「数字」、東西の通りが「アルファベット」で表示される。主要な道が「ナンバー」と「アルファベット」（ただしA、B、JとXYZストリートはない）で命名されているのでわかりやすい。

議事堂から外側に行くにつれ道の数字は大きくなり、同じようにアルファベットの通りは外側へ行くほどC、D、Eという順になっている。Bストリート付近は、しばしば洪水にあったため、一部が埋め立てられ、一九三一年、北側にコンスティテューション・アヴェニュー、南側にインディペンデンス・アヴェニューと改名された。モールと呼ばれる緑地帯を挟んで「憲法通り」と、

議事堂（キャピトル、右下）から続くモール（緑地帯）と
ワシントン記念塔（写真提供／議会図書館）

「独立通り」となったのだ。なお、Iストリートは数字の1と混同しないよう、しばしEYEストリートとつづられる。

議事堂やホワイトハウスから放射状に伸びる長い大通りの多くは「アヴェニュー」で、州名がつけられている。道路が交わる場所は円形サークルとなっていることが多く、偉人の銅像や泉・噴水が目印となる。

アヴェニュー（以下、通り）の中で、一番交通量が多いのがペンシルヴェニア通り、マサチューセッツ通り、コネチカット通りの三つの通りだ。次に交通量が多いのは、西の端の街、ジョージタウンまで続いているKストリート、それよりやや北のMストリート、縦につながる南北の道16ストリートなど。南北に走るナンバー通り、東西に走るアルファベット通り、そしてアヴェニューと地区、いくつか頭に入れておけば、ワシントンでの移動は簡単だ。たとえば、「NW地区のMストリート、16ストリートと17ストリートの間」と言えば、タクシー運転手にもすぐわかってもらえる。碁盤状の道が多い計画都市らしく、合理的な方式である。

国際空港は市内に近く、「乗り合いタクシー」が手ごろだ。行き先の住所を事前にネットで申し込むと、近くへ行く人たちを数人、コンピューターではじき出し、マイクロバスやリムジンカーなどで移送する。効率がよく、かつ料金を安く保つサービスである。

ワシントンの地下鉄は現在、中心街と北のメリーランドの住宅街を結ぶレッド・ライン、ヴァージニア州と中心街を結び東西に延びているオレンジとブルー・ライン、14ストリートから東と南東地域を結ぶイエローとグリーン・ライン、そしてダレス国際空港と町中を結ぶシルバー・ライン（二〇一四年開通）の六線がある。地下鉄は平日で八〇万人が利用し、今日、首都が機能するために不可欠な公共交通手段となっている。

市内の移動は地下鉄とバスの路線がはりめぐらされており、近距離を結ぶ「サーキュレーター」という小回りがきく小型バスの路線もある。地下鉄はひんぱんに遅れたり故障するため評判が芳しくないものの、アメリカの都市としては公共交通機関が最も備わっている都市のひとつだ。タクシーも安いので市内の移動は自家用車がなくとも簡単にできる。

黒人奴隷がつくった議事堂

ワシントンは一九世紀後半から栄えた街である。

一八〇〇年ごろのワシントンの地図には、議事堂と大統領官邸を中心に、四〇ブロックほどの街が示されているだけだ。首都となった後も、議事堂と大統領官邸の二つの建物と、数軒の宿屋が建っているだけの時期があった。議事堂とホワイトハウスは、時代ごとに何度も改装されている。

議事堂の最初の緑色の円形ドームは、二〇年間ほど首都のシンボルとなっていたが、小さす

議事堂は黒人奴隷によって建設された

ぎる、美的ではないと、大型のドームが建設されることが決まった。パリのパンテオンやロンドンの聖ポール教会をイメージし、もとのデザインの三倍の高さ、しかも火事に強い鋳鉄をあしらったドームの設計をした。このドームの建設には一一年間かかったが、内側のドームの高さは一八〇フィート（約五五メートル）、直径は九六フィート（約二六メートル）、外側は高さ二八八フィート（約八八メートル）。まさにアメリカの権力と自由を象徴すべく、一八六三年、華々しく落成したときは、世界最大の議事堂となった。

議事堂の建設にはのちにあることが判明した。二〇〇〇年、あるテレビ報道番組が「議事堂とホワイトハウスは奴隷によって建設された」という事実が発見されたのだ。このことをきっかけに、議会は調査をはじめた。

首都建設の手はじめとして、議事堂と大統領官邸の建設予定地は、木々が生い茂っていたため、建設をはじめる以前に広大な土地を更地にするまで奴隷の労働力を利用することは手短な解決方法であった。当時、労働者が不足していたため、メリーランド州やヴァージニア州などの周辺地域から、四〇〇〇人の黒人奴隷が所有者から随時、「貸し出されていた」。その詳細なリストが二一世紀になって発見されたのである。

奴隷たちは木材を切り、石材を運び、建物の基礎をつくるため地中を掘り、死んだ動物たちの死骸を埋めるなど、単純な労働から、大工、石切職人、レンガ職人、監督人など専門の職人としても働いたとされるが、黒人奴隷たちには給料は支払われず、一人あたり毎月五ドルが所有者であるプランター（農園主）たちに支払われていた。建設労働者の三分の二が奴隷であったという。

高層ビルの規制

ワシントンの街には高層ビルがない。他の都市と違い、「高層ビル建設禁止条例」があるためだ。それによると、ワシントン市内では商業ビルは一一〇フィート（約三四メートル）まで、住宅は九〇フィート（約二七メートル）の高さまでと決められている。

高層ビルをめぐり、かつて論争の的となったＱストリートのカイロアパートは一二階建てで、

高層ビル規制のもととなったカイロビル

今ではそれほど高い印象ではない。すっかり住宅街に埋没した感じさえする。しかし、カイロアパートが建てられた一八九三年当時、一四六フィート（約四四メートル）の高さがある建物は、火事の際、地元の消防車が一番長い梯子を使っても最上階まで消防の水が届かないと問題になった。なによりも高層ビルは街の景観にそぐわない、ワシントンっ子の美的感覚から外れているとされた。従って、一九一〇年に議会で「高層ビル建設禁止条例」が可決され、今日に至っているため、市内に高層ビルを建てることができなくなった。

市内で高さが問題にされない唯一の例外は、五五五・五フィート（約一七〇メートル）もあるワシントン記念塔だ。

ただ、ポトマック川を越えたヴァージニア州には高層ビル規制がないため、第二次世界大戦前は未開発であった地域で一九九〇年以降開発が進み、首都圏の一部として高層ビルが並ぶようになった。

世界政治の心臓部はメインストリートのペンシルヴェニア通り

ペンシルヴェニア通り、そして東西に伸びるコンスティテューション通りと南北の15ストリートは、三角形を描く。これがフェデラル・トライアングル（連邦の三角形）と呼ばれる「三角州」となり、政府関連の主要な建物はこのあたりにずらりと並んでいる。政府関連のオフィスは、「モール」と呼ばれる広大な緑地帯をはさみ、南側と北側に並んでいる。

ワシントンは近代化するまで治安が悪く、できるだけ早く仕事を終えてなるべく早く去りたいところであったようだ。大通りを一歩入ると路地裏も多く、首都周辺の地区の呼び名も血なまぐさかった。議事堂の南は「ブラッド・ヒル」（血の丘）とか、ホワイトハウスの北はヘルズ・ボトム（地獄の底）、かつて、フェデラル・トライアングルのあたりも「殺人の湾」（マーダー・ベイ）と物騒な名前で呼ばれていたことからも、訪れた者が暴漢に襲われやすい、極めて危険な地域であったようだ。

ペンシルヴェニア通りが威厳のある通りに変貌したのは、一九〇一年、首都らしく街並みを整備する目的で作られたマクミラン委員会の「フェデラル・トライアングル」の改造計画以降で

首都で道幅が一番広いペンシルヴェニア通り

ある。ペンシルヴェニア通りとコンスティテューション通りにはさまれる三角形の地区は、一九二八年から一〇年かけて整備されていった。

フェデラル・トライアングルと呼ばれる地域の建物は、ほとんどが一九三〇年前後に建った政府の建物で、パリ市内にみられるような新古典的な建築様式で統一されている。付近には主要官庁が集中し、司法省、FBI（連邦捜査局）、旧郵便局ビル、連邦貿易委員会、国立公文書館（ナショナル・アーカイブズ、NARA）などの建物が並んでいる。

今日、ペンシルヴェニア通りは、アメリカの「メインストリート」と呼ばれるようになり、アメリカ政府の代名詞＝権力の象徴、となった。

白人地区の北、黒人地区の南

ワシントンの北西地区（NW）、北東地区（NE）、南西地区（SW）、南東地区（SE）という四つの地区のうち、主要な政府関連やオフィス、博物館の建物が集中するのはNW地区である。この地区はメリーランド州へ向かって、北へ行くほど閑静な住宅街となる。政府関連の建物はSW地区にもあるが、四つの地区のうちSW地区は面積からすると一番小さい。

NW（北西）地区は、白人のアッパー・ミドルクラス（中流の上）居住区で、黒人が少ない。NWの住宅街では、公民権運動以前、黒人とユダヤ人が家を購入することさえ難しかった。現在、NWに黒人の住人がいる場合は、弁護士、政府関係者、企業の管理職、その他「成功した黒人」である。白人と黒人の住み分けは、公民権運動から五〇年以上がたっても基本的に保たれている。

かつて東のNE地区は、〝黒人地区〟として知られていたが、近年、住宅地として開発が進み、NW地区よりは不動産が手ごろで、人種が入り混じる人気地区となった。しかし、SE地区は相変わらず黒人が集中する地区のままで、ワシントンに住む黒人の大半がSE地区に住んでいる。

西のはずれのジョージタウンもかつては〝黒人地区〟であった。二〇世紀以降、今風にいうと

古い建物が並ぶジョージタウンは最も不動産が高騰している

「ジェントリフィケーション（直訳は「紳士化」）」だが、事実上の「地上げ」」のため、黒人は別の地区へと移り住んでいった。

ジェントリフィケーションとは、投資家などが古い住宅を安く買って改装し、高い価格で転売し、その結果、もともといた住民が法外な賃貸料を強要されたり、立ち退きを迫られたりすることで、それまで住んでいた社会層が入れ替わり、より所得が高い階層が移り住んで来るという現象である。たとえばジョージタウンの場合、一九六〇年代、大統領夫人だったジャクリーン・ケネディが住宅を構えるようになったころから高級住宅街と化し、今では一般庶民には到底、手が届かないほど不動産価格が高騰している。

ワシントン市内は一般には四つの地区（クアドラント）に区分けされているが、ＤＣ都市計画課によれば正式には八つの行政区域（ウォード）に分かれている。そして非公式に一三一の小さな地域、「ネイバーフッド（ご近所という意味）」ごとにあだ名のような名前で呼ばれている。市内は行政区の第一〜八区で呼ばれることはまずないが、ネイバーフッドの名を聞けば、「あのあたり」ということがわかり、とても便利だ。

たとえば、第一区は若者に人気の「アダムス・モーガン」や「コロンビア・ハイツ」など、第二区はワシントンの中心部で「ダウンタウン」「デュポン・サークル」「フェデラル・トライアングル」「チャイナタウン」「フォギー・ボトム」など、第三区は「クリーブランド・パーク」というふうに、ご近所の名称から大体の位置がわかる。

「キャピトル・ヒル」と「フェデラル・トライアングル」といえば、政府関連の建物が集中している地区、「ダウンタウン」というと、ホワイトハウスからやや西のオフィス街で、ファラガット広場あたり。ダウンタウンのやや西、ワシントン・サークルの南周辺は「フォギー・ボトム」である。

ダウンタウン、ホワイトハウス付近から北のフォギー・ボトム、そして東にチャイナタウンと呼ばれる一帯は、ワシントンで日中、最も賑やかなオフィス街だ。ただし、それは平日のことであって、夜間と週末は車や人通りも少なく、一転して閑散とした雰囲気となる。

日中は「大都市」

ワシントンは、昼間と夜間の人口の差が最も激しい街の一つだ。

市内の人口は、一九五〇年の八〇万人をピークに減少し、一九六〇年代の公民権運動の時代には市内が暴動で荒れたため、多くの住民がワシントンからメリーランド州やヴァージニア州の郊外へと流出した。

九〇年代になると市内の治安が改善されたこともあって、徐々に人口は回復したものの、郊外への人口流出は続いた。ワシントンで働くほとんどの人々が、メリーランド州あるいはヴァージニア州の住宅地から通勤してくる。従って、昼間の市内の人口は、メリーランドとヴァージニアからの通勤族をあわせた人口となる。夜の人口は少なく、昼間の人口は七倍近くになる。

オフィスで一日働いてはまた郊外へのベッドタウンへと帰っていく人口がこれほど多いと、通勤時間には地下鉄も道路も混雑が激しい。ワシントンの混雑度はロサンゼルスに次いで全米二番目といわれている。

このため、ダウンタウンから北へまっすぐに延びて「ベッド・タウン」であるメリーランド州の住宅街へと続くコネチカット通りは、通勤時間によって中心の車線（レーン）が、朝と午後で方向が変わる「リバーシブル・レーン」だ。中央の車線が時間によって方向が変わることで混雑

南北に延びるコネチカット通りはリバーシブル・レーン

を緩和するという合理的な方式である。地元の〝ワシントンっ子〟であれば、午後四時、ラッシュアワーに方向が変わるレーンに敏感に反応し、変更時間が迫るとそのレーンは一時的に車が走らなくなる。注意していないと車線変更時に中側のレーンで正面から対向車に出くわすというニアミスも起こりかねないからだ。

ワシントン市民の限られた権利

ワシントンは、首都として政治的中立を保つために連邦政府の管轄下に置かれた。従って、ワシントンの住民は、自分たちの代表を議会に送る権利もなく、自治権もなかった。市民に自治が認められたのは一八七一年からわずか三年間で、その後、再び自治権が部分的に戻されるまでには一〇〇年近くかかった。

一九六一年、ワシントン市民に大統領を選ぶ権利が与えられることが決まり、六四年の大統領選挙では、投票率は空前の九〇％であった。しかし、ワシントンは「州」ではないため、市民が自分たちの代表、連邦議員を選出する権利はいまだ認められていない。（なお、ニクソン大統領のときからワシントンから〝議決権がない議員〟を議会に送ることができるようになった。ただし、これは単に形式上のことであって議決権がないため議会への影響力は皆無といえる。）

ワシントン市民は一人当たりの納税額が、五〇州の中でコネチカット州に次いで二番目に高い。「国民としての義務を果たしているのに代表権がないことは不公平ではないか」という批判は常にある。民主制を重んじる国の首都の市民が自分たちの代表をいまだ議会に送れないことは、いかにも民主主義に反している。

時おり浮上しては立ち消える「ＤＣ投票権」が実現しないのはなぜか。

二〇一六年の大統領選挙では、民主党と共和党が激しく拮抗したが、ワシントンの市民で民主党候補ヒラリー・クリントンに投票したのは九二・八％、かたや共和党候補のドナルド・トランプに投票したのはわずか四・一％であった。首都の住民はリベラルなことで知られ、民主党支持者が多数を占める。このため、ワシントンの住民が議員代表を選ぶ権利は共和党の強い反対によって実現していない。

ワシントンの住民には「納税をしながら代表権がない」、このことはどう解釈すればよいのだろうか。自由と平等を標榜しながら、ワシントン市民の権利を制限すること自体、矛盾であるという見方もある。しかし、現時点では一向に変わる動きがみられない。どうしても議員を選出する権利を行使したいと願うワシントン市民は、メリーランド州か、ヴァージニア州に引っ越すという方法しかないだろう。

頭がよくて勇敢だと言われるロバは民主党のシンボル、強くて動じない象は共和党のシンボル。2002 年に行われたアートプロジェクトで市内の路上に設置された像（200 体）が一部残されている

上はなかなか実現しない51番目の州への「昇格」を目指す住民投票のポスター。下は“議決権がない”ワシントンの議員のポスター

ワシントン市民の半分は大卒で、大学院卒も他の州の平均より高く、全米一の高学歴者で占められ、リベラルでＬＧＢＴに対する支援者も多い。

また、長年、黒人世帯の割合が高かったため、褐色の肌の人間を指して「チョコレートの街」と呼ばれてきた。南北戦争以前から奴隷市場があったワシントンでは、奴隷解放後も首都に残る黒人が多かったためである。市民に市長を選出する権利が与えられた一九七五年以来、ワシントンの市長はすべて黒人である。ただし、二〇一一年、黒人の住民数が初めて半分以下（四九％）になった。市内の不動産や家賃が高騰したことで、黒人の中流層が郊外へ引っ越しせざるを得なかったためである。

二〇一六年の大統領選挙では、同時に首都が「州の地位」を得ることを希望する住民投票が行われた。結果は圧倒的多数で州の地位を希望するというものだった。

しかし、ワシントンが「五一番目の州」に「昇格」するためには、共和党のバックアップなしには成り立たない。そしてワシントン市の予算を編成するのは多くが保守系の白人の議員で構成される連邦議会であるが、その大多数はワシントンに居住していない。つまり、首都が州の地位に昇格することを強く願うのは、首都の住民以外にあまりいないということだ。

もしワシントン市民に代表権を与えると、確実に民主党の議席が増えるため、共和党がなかなか妥協しない。共和党が賛成するためには、共和党の州、たとえば人口が増加しているユタ州の議席を増やすことで共和党の同意を得なければならない。こういう政治的背景から、首都の「州レベル昇格」は今も実現していない。かつて、アラスカが州の地位を得るまでに四七年間を要したことを考えると、ワシントンが州になるにはまだ時間がかかりそうだ。

〝風水都市〟ワシントン？

ダウンタウンの北、デュポン・サークル近くの住宅街を歩いていると突如、巨大な寺院のような建物に出くわす。

RストリートとSストリートの間、16ストリートにあるのは、フリーメーソンの「スコッチ儀礼、フリーメーソンの神殿（スコッチ儀礼神殿）」（一九一五年完成）である。「神殿」というだけあって四世紀のギリシャ神殿「マウソロス霊廟」をモデルに建てられた壮麗な建物である。最近では、ダン・ブラウンの小説を映画化した作品、「ダ・ビンチ・コード」のロケ舞台ともなった。

神殿のようなフリーメーソンの建物

スコッチ儀礼神殿の中には二〇万冊を擁する図書館があり、フリーメーソン会員であったＦＢＩ（連邦捜査局）の元長官、Ｊ・エドガー・フーバーの日記や所持品などを収集した部屋もある。

フリーメーソンで一般人が思い浮かべるのは謎めいた秘密結社、陰謀説であろうが、どういう団体なのか諸説あり、その実態は謎に包まれている。

世界中に五〇〇万人の会員がいるというフリーメーソンは、中世の頃は石工組合で、近代になってから職人団体の要素が弱まり、特権階級であった紳士（ジェントルマン）たちの「組合」、あるいは友愛団体のクラブのような組織となったようだ。

歴史研究者、デイヴィッド・オーヴァソン

の『風水都市ワシントン』によれば、ワシントンの街には「隠されたシンボル」がたくさんあるという。議事堂、ホワイトハウス、そしてワシントン記念塔を結ぶフェデラル・トライアングル、一ドル紙幣の裏に描かれたピラミッドの意味、国璽の鷲のシンボルなどで、神聖幾何学をもとに、ワシントンの町づくりも当時、流行っていた天文学を駆使し、主要な建物や通り、記念碑などの配置が決められたという。

スコッチ儀礼神殿は、一般公開されている。入場料は無料であるが、内部の見学のためには、事前に電子メールなどで入場希望を伝える必要がある。併設のアルバート・パイク博物館にはフリーメーソンがどういう結社であるか、アルバート・パイク（一八〇九―九一）の研究が展示されている。

弁護士、作家、ジャーナリスト、詩人、フリーメーソン研究者と多様な面を持ち合わせたパイクは、南北戦争では南軍の将校でもあったが、南北分裂には反対した。先住民問題にも詳しかったパイクは、先住民の請願を政府に提出する手助けをし、南北戦争では先住民の戦闘部隊を南軍側に加えることにも尽力した。

南軍の将校としては唯一、ワシントン市内にはパイクの銅像が、Dストリートにある。南軍の指揮官であったパイク像建立には反対者も多かった。白人主義者たちの差別的発言を容認するトランプ大統領の時代になり、ワシントン市民はかつて奴隷制度を擁護したパイク像を撤去するべきとデモを行った。ワシントンのみならず、南軍の像がある都市では、「差別の象徴」をめぐり抗議運動が各地で起こり、撤去される像があちこちにみられた。

なぜか多いエチオピア人のタクシー運転手

ワシントンのタクシーに乗ると、運転手で目立つのがエチオピア人だ。タクシー運転手の三割がエチオピア人らしい。若者に人気のあるNW地区のアダムス・モーガンにもエチオピア・レストランやエチオピア人の店がたくさん並んでいる。

ワシントンは「エチオピアの次にエチオピア人が多い」といわれる。なぜそれほどまでにワシントンにはエチオピア人がいるのだろうか。

一九五〇年代、六〇年代にアメリカ文化に魅かれて留学してきたエチオピア人の多くは、続く七〇年代のエチオピアでの政治不安でそのままアメリカに留まった。

特定の移民グループは、アメリカに移民にやってきたとき、団結する傾向にある。彼らはまず低賃金労働に従事し、親戚や友人たちと助け合う。そして次の世代にアメリカでの教育を身につけさせ、上の社会階層へと上がる努力をする。

政治情勢の変化が原因でまず首都にやってくる移民は多い。彼らの多くはある程度の経済力をつけると全国に散らばっていく傾向が強いが、エチオピア人のように、「いつかは故郷に帰ろう」

ろうか。

と思いつつ、ワシントンの生活が心地よくなるのか、そのまま定住した人々が多いのではないだろうか。

国旗への忠誠

公の場所のみならず、学校、個人の庭、車や街角、アメリカでは国旗があちこちで散見される。旗のはじまりは、一七七七年六月一四日、大陸会議で新しい国旗の制定が決まったときにさかのぼる。フィラデルフィアに住んでいたベッツィ・ロスが一三の州を表すスターズ・アンド・ストライプの旗を縫い上げたときから、州が加わるごとに改定され、三〇回近くデザインが変わっていった。北軍に留まるよう、団結が求められた南北戦争勃発時から流布したという国旗は、アメリカ人のプライドと国力の象徴である。現在の国旗は、一九六〇年七月四日、最後の州、ハワイが加わり、横一三本の赤と白のストライプ、五〇州を表す星となり、以来、このデザインが歴史上最も長く使用されている。

「忠誠の誓い」の文句は「アメリカ大陸発見」の四〇〇周年記念にちなんで一八九二年に書かれた。「忠誠の誓い」は、毎朝授業がはじまる前に、教室に掲げられた国旗に向かって手を胸にあてて起立して暗誦するのだが、強制ではない。

当初、文面を起草した牧師、フランシス・ベラミーは、「私は我が国旗と、それが象徴する、万民のための自由と正義を備えた分割すべからざるひとつの国に、忠誠を誓います」という文句を考えた。

そして一九二三年には、増える移民に対して国旗のあり方を明確にするため「合衆国の旗」、一九四二年には「アメリカ」という言葉が加わった。初めのころ、右手を斜め前にまっすぐ上げる「ベラミー式敬礼」で暗誦されていたが、ナチス式敬礼に酷似しているということで、第二次大戦中の一九四二年、議会によって左胸に手をあてる方法に変更された。そして一九五四年、アイゼンハワー大統領の頃に「神のもと」という言葉が加えられた。三一語でアメリカへの忠誠を誓う言葉は覚えやすい。その文面はこうである。

「私はアメリカ合衆国国旗と、それが象徴する、万民のための自由と正義を備えた、神のもとの分割すべからざる一国家である共和国に、忠誠を誓います」

旗の掲揚は情緒的に訴えるものがあり、愛国心をかきたてる。二〇〇一年の同時多発テロ以降、旗の生産量は格段とアップし、胸の折り返しに刺す「旗ピン」も爆発的に売れた。ただし、国内で生産される「旗ピン」は少なく、中国製がほとんどのようだ。

シンクタンクの街

ワシントンは「シンクタンク（研究所）の街」としても知られる。シンクタンクは、年々、そ

外に向けて絶え間なく「発信する」シンクタンク
(戦略国際問題研究所〈CSIS〉の討論会にて)

の数が増すことに比例して、その影響力も増している。

シンクタンクは、「世の中の動きを社会経済のさまざまな面から研究する」という目的で、もとは地味な研究者たちの集団であった。それが「シンクタンク産業」ともいわれるようになったのは、第二次世界大戦後だ。一九七〇年代以降、特に保守系のシンクタンクの増加がめざましい。

すでに大学機関は自由な思想を重視する「リベラルな考えの温床」であったため、大学機関で保守的な思想を広めるには限界があった。そこで「保守的な考えを社会に広める」ため、リベラルに対抗する意味において保守系の研究所が増設された。もとは中立でもAEI(アメリカン・エンタープライズ研究所)のように、ブッシュ大統領(息子)時代に「ネオコン」の呼び名がついた新保守主義系（ネオ・コンサーバティブ）の研究所に変化していったケースもある。

民間企業の資金とより強く結びついた現代のシンクタンクは、特定の利益団体の意見を代表したり、理論やデータで武装しつつ、政治を誘導する役割も果たしている。シンクタンクは、大学機関に次ぐ頭脳集団でもあるから、定期的なセミナーやマスコミに登場することで、政策提言を行っている。

「アイディア工場」のシンクタンクの役割は多岐にわたる。（上から）ブルッキングス研究所／カーネギー国際平和財団／保守系のシンクタンク・ＡＥＩ

また、シンクタンクは、政界に人材を提供する「人材フィーダー」としても多大な影響力を持つようになった。民主党と共和党の二大政党のどちらかが政権をとるアメリカで、与党寄りのシンクタンクは政策のアウトラインを描く。そして野党寄りのシンクタンクは次期政権の「影の政権」のごとく、再び政権を奪取した際には政策提言ができるよう準備する。

メディアに多く登場するワシントンのシンクタンクは、「中道」といわれるブルッキング研究所と戦略国際問題研究所（ＣＳＩＳ）や右寄りといわれる共和党保守系ＡＥＩが知られる。シンクタンクは、研究者をリクルートして出資者さえあれば容易に設立できる。たとえば、二〇〇三年に設立された民主党リベラル系「センター・フォー・アメリカンプログレス」は、わずか五人で設立されたが、五年後、民主党が政権を奪還した二〇〇八年には三〇〇人になっていた。共和党政権の間の、民主党関係者の「雇用創出」あるいは「失業対策機関」にも等しかった。

そして、一九八〇年代にはわずか七〇ほどであったシンクタンクの数は増え続け、現在は大小合わせて三五〇機関はあるといわれる。

会員制クラブ

ワシントンは人脈を築く場所である。パーティーや会合をわずらわしく思う人間には向いていない。「クラブ」に出入りすることも人脈を広げる手段のひとつだ。

紳士専用のクラブ制は、イギリス、ロンドンの「コーヒーハウス」が発祥である。コーヒーハウスは、船を待つ男性たちのたまり場、あるいは意見交換の場として、ヨーロッパ中に広がっていった。そして、一八世紀から一九世紀にかけて「ジェントルマンズ・クラブ（紳士クラブ）」は、新天地アメリカでも増えていった。

ワシントンでは、メトロポリタン・クラブ（一八六三年設立）、コスモス・クラブ（一八七八年）、アリバイ・クラブ（一八八四年）、アルファ・クラブ（一九一三年）などが知られている。最も有名な二つのクラブは、学術面で優れたメンバーを擁するコスモス・クラブと財力があるメンバーを重視するメトロポリタン・クラブだろう。

会員制クラブではコネクションが求められる（コスモス・クラブにて）

コスモス・クラブは、大使館が多く並ぶマサチューセッツ通りのタウンゼント・ハウスという建物の中にある。クラブは会員だけに限定されているので、筆者は会員である知人に同行してもらい、内部を見学した。

ジェントルマンズ・クラブのさきがけとして、コスモス・クラブの廊下にはノーベル賞受賞者

ずらりと並ぶ会員の著名人たちの写真（コスモス・クラブにて）

や学者出身の政治家、ピューリッツァー賞の受賞者、作家や最高裁判事などの写真がずらりと並んでいる。本会員、そして提携クラブの会員のための宿泊施設やレストランもある。

人とのつながりはどの時代にも必要で、有力者たちが知り合える場として、会員を限定した都市の社交クラブは、特に東海岸の古い街に多い。入会条件はそれぞれに厳格で、複数の会員からの推薦状が必要である。

もっとも、一九七六年の「サンシャイン法案」によって一部の有力者たちによる密室談合で根回しが行われることは禁止となった。政府関連の会合の内容を開示させることで政治に透明性をもたらし、癒着を防ごうという傾向が強まったためだ。このため、会員制クラブは、親睦会のような性質に変わってきたようだ。なお、政治家、ビジネスマン、有力者などが属するこういったクラブの多くは保守的で、一九八〇年代末まで女性や黒人の入会を禁じていた。

ロバート・ケネディ司法長官は、黒人メンバーを入れようとしなかったメトロポリタン・クラブをボイコットしたというが、コスモス・クラブもなかなか女性メンバーの入会を認めようとせず、一九八八年、一一〇年の伝統を破り、初めて女性の入会が認められた。

時代が変わり、スポーツイベントやカジュアルな会が好まれるようになり、社交クラブは徐々に「特権階級」的な存在理由を失い、入会資格を下げたといわれる。会員数の減少で、Ｆストリート・クラブ（一九九九年閉会）やフェデラル・シティークラブ（二〇〇六年閉会）のように、閉会したクラブもある。

ロビイストたちが動かす政治――Ｋストリート

ホワイトハウスの北側のファラガット広場あたりからは、「ダウンタウン」と呼ばれる政府関連のビルや商業地域が広がっている。ダウンタウンには東西に一・二キロ延びているＫストリートがある。

今日、ワシントンでＫストリートを知らない人はいない。Ｋストリートは、政治に絶大な影響を及ぼす「ロビイスト」たちの象徴である。

「ロビイスト」の語源は、南北戦争後の復興期にワシントンの高級ホテル「ウィラード」のロビーで長く会合をしていた人々を指して「あのロビイストたちめ」と、グラント大統領が呼んだことが由来であるという説が強い。ウィラードホテルは、一八六〇年、徳川幕府の使節団が初めてアメリカへやってきたとき、宿泊した歴史のあるホテルだ。

一九六〇年代からKストリートにロビイストたちがオフィスをこぞって構えたことから、「Kストリート」は、ロビイストの同意語になった。しかし本格的に「ロビイスト産業」が急成長したのは一九八〇年代からだ。特定の団体や集団は、巨額の資金を投じて、自分たちの利益になるよう政治を動かすことが効果的だと考え

Kストリートはロビイストたちの代名詞

ロビイスト発祥の地はウイラードホテルだった

るようになったためである。

「ワシントンのインサイダー」であるロビイストたちには、元企業弁護士、元議員や元議会スタッフなどが多く、その職務経験から政策の立案の仕組みを熟知し、首都での人脈をたくみに操る。ロビイストたちは特定の法案や予算配分に関して、雇い主である団体と、議員、連邦機関、ホワイトハウス関係者たちを結びつけるブローカーの役割を担い、決定権のある政治家に働きかける。

『The Business of America is Lobbying（アメリカのビジネスはロビイング）』という本を著したリー・ドラットマンによれば、「企業は誰が大統領になろうが、有能な弁護士のチームを組んで自分たちに有利な法解釈をするだけだ」という。たとえば、ワシントンに本部があるエイキン・ガンプ法律事務所はロビー活動のために九〇〇人の弁護士を雇用し、特定の産業を代表して政策決定に影響を与えている。一九五〇年、テキサス州ダラスに設立された同法律事務所は金融や石油業界を代表するロビー活動で知られ、政治家との関係も深い。

ワシントンのロビイストたちが代表しているのは、九割以上が企業で、その他は特定の目的のための団体である。

資金力からみたロビイストの業界は、①金融・保険・不動産業、②医療・健康産業、③製造業・外食・食品産業の順で、最大の関心事は、「単一のコーズ（目的）」のための課税と予算配分である。近年は、法案の中に議員の地元への利益誘導、特定のプロジェクトへの連邦予算の項目を組み込む「イアマークス」と呼ばれる資金の獲得のためにも働く。

政治家とロビイストたちの関係がいかに密接かということは、国会議員の四〇％がロビイストに転身することからも明らかだ。彼らは議員を引退後、企業あるいは団体を代表することになる。政治家がロビイストになることは「リボルビング・ドア」（回転扉）にたとえられている。つまり、「天下り」である。

ロビイストたちの中には、巨額の金銭が絡むため、違法行為すれすれのところで活動する人々もいる。このため、一九九〇年半ば以降からロビイストたちは四半期ごとの財務情報公開が求められ、下院議員は辞めてから一年以上、上院議員は辞めてから二年以上をクーリングオフ期間として一定の期間が過ぎないとロビイストに転身することができないなど、規制が加えられた。

首都のロビイストの数は、四〇年間で一〇〇倍になったといわれる。当然、ロビイストたちのオフィスも、Kストリートだけでは手狭になり、H、G、F、L、Mストリートなどにも広がり、ロビー活動には、毎年推定三〇億ドルが費やされる。政治に費やされる金額を調査している非営利団体、センター・フォー・リスポンシブ・ポリティックス（CRP）によれば、二〇〇〇～二〇一〇年まで、わずか一〇年の間でもその金額は倍になった。政治がいかに民間ビジネスの「コーポレイト・アメリカ」、各種利益団体によって左右されているかということの証ではないだろうか。

なお、ここ数年のあいだ、IT企業ではグーグル社（親会社はアルファベット社と改名）のロビー活動が目覚ましく、アマゾン社のジェフ・ベーゾスはワシントン・ポスト紙を買収し、市内の高級住宅地にあった元繊維博物館を自宅として購入している。アルファベット社に続き、アマゾン社も売上税やドローン配達規制を抑制するために巨額の資金をロビー活動に投入し、フェイスブック社やウーバー社も活発なロビー活動で米国におけるIT企業への規制を阻もうとしている。

II

首都ワシントンの誕生

——植民地時代から独立へ

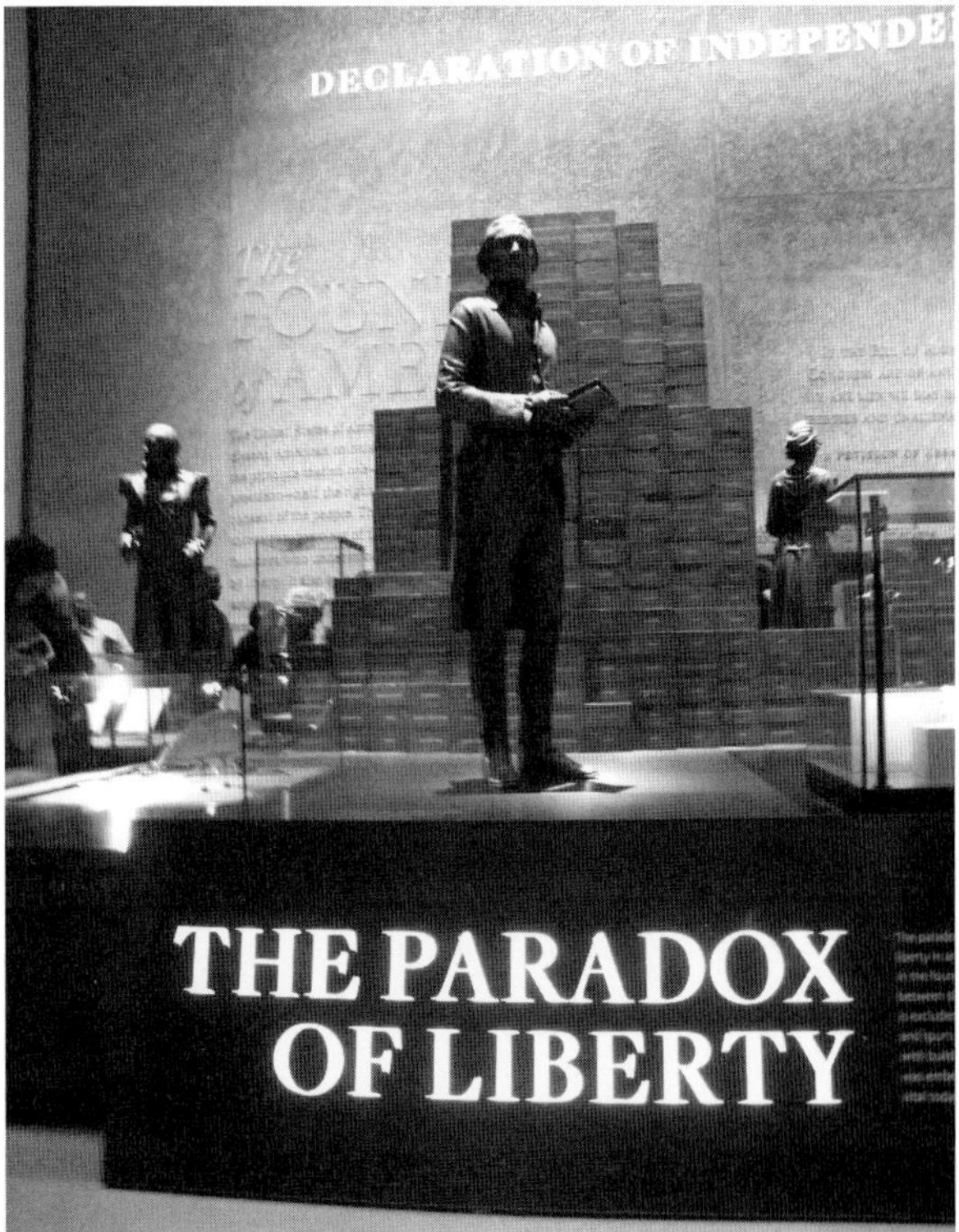

「自由の矛盾」の標題の上に立つアメリカ合衆国第３代大統領トーマス・ジェファソンの像（国立アフリカン・アメリカン博物館内）

先住民が住んでいたメイン魚市場周辺

アメリカの地図をひろげてみると、首都ワシントンの象徴、ポトマック川へとつながるチェサピーク湾は、北米最大の入り江として広範囲に広がっていることがわかる。南北に広がるチェサピーク湾を一二〇キロほど北上してポトマック川に入り北西へと流れ、北東にアナコスティア川が支流となって分かれている。

ポトマック川とアナコスティア川はY字形を描き、ちょうど真ん中あたりには、小さな入り江がある。ここには古い波止場、ワシントンっ子にはよく知られる「メイン魚市場」がある。船が主要な移動手段であったころはさぞ繁盛していたことであろう。今は南西SW地区、メイン通りから車でアクセスする。SW高速フリーウェイの近くでさびれた雰囲気を漂わせている。

メイン魚市場周辺には、ヨーロッパからの移民がやってくる以前、先住民が住んでいた。しかし、今日、どこをみてもその形跡はない。かろうじて地名が先住民の痕跡を物語っている。

ヨーロッパからの移住者がくる以前からアメリカ大陸に住んでいた先住民をどう呼ぶべきか。コロンブスが北米大陸にやってきたとき、インドと勘違いして「インディアン」と呼ばれた先住民たちは、正確には部族ごとの名称で呼ばれるべきかもしれない。先住民たちをどう呼ぶべきかは近代以降、論議されてきたが、「ネイティブ・アメリカン」とか、「アメリカン・インディア

魚の種類も量も豊富なメイン魚市場

ン」とか呼ぼうとすることに対し、「インディアン」たちはあくまで白人社会から与えられた名称とはいえ、彼ら自身が好んで「インディアン」を使っているという事実もある。そこで本書では「インディアン」の呼称を使用することにする。

「チェサピーク」とは、北米の先住民部族間で広範囲に話されていたアルゴンキン語で「大きな川で」という意味だ。

アメリカの地名は、都市に関していえば、ベルリン、パリ、アテネなど、ヨーロッパの都市名が多いが、州名、地形を表す山脈名や川の名などは先住民から受け継いだものが多い。

チェサピーク湾はその名にふさわしく、北から南まで約三〇〇キロある細長い湾で、ポトマック川をはじめとする大小一〇〇本以上の川が合流し、大西洋へとつながっている。なお、ポトマック川とは、この付近に住んでいた先住民、ピスカタウェー部族の言葉で「物が運ばれてくるところ」という意味である。魚が豊富で交易が盛んで、村落が集中していたことがうかがえる。

チェサピーク湾からは、今も年間の売上げ高が六〇〇〇万から七〇〇〇万ドルに達するほどのカニが獲れる。湾には三〇〇種類の魚介類、二七〇〇種の植物が生息している。波がおだやかで「食の宝庫」ともいえるこの地域に先住民が定住していたことは理解できる。

「メイン魚市場」は一八〇五年から続く東海岸で最も古い青空魚市場らしい。漁に出ていた船が岸辺に停泊したまま、船上で新鮮な魚介類を売り出したのがはじまりというが、所せましと並ぶ店にはそれぞれに特色があり、カニを専門とする店先には、ずらりと何種類ものカニが山積みされ、週末も無休で賑っている。

先住民との出会い

一六〇九年、イギリス人の探検家、ジョン・スミス（一五八〇―一六三一）がチェサピーク湾からポトマック川を上り、アナコスティア川の河口にたどり着いたとき、当地には先住民のナコチュタンク族が二五〇人ほど住んでいたと伝えられる。アメリカ合衆国の首都となるこのあたりは、およそ一万年前から、先住民が住み着いていたと推定される地域である。

スミスは東海岸地域で四〇〇〇キロ以上を旅し、地図を製作した。一六一二年に発行されてから数十年間、二〇〇の先住民の村を網羅した地図は入植者たちにとって新大陸での〝水先案内〟となった。そして入植者たちは、農耕民族だったインディアンから農作物の作り方、薬草を用いる医療、工芸品を作る技術など多くを学んだ。

チェサピーク湾には主に東のナコチュタンク族、北西のピスカタウェー族、南西のポーハタン族がいたといわれるが、湾付近の先住民たちはまっさきに追い払われたため、もとから住んでいた先住民たちの人口がどのくらいであったかは諸説ある。ピスカタウェー族の末裔を主張する部族もあるが、祖先との関連は立証されていない。入植者たちが持ち込んだ天然痘やはしかなどの疫病により、免疫力がなかった多くの先住民たちが死んでいっただけでなく、入植者たちとの戦争で、膨大な数のインディアンが命を落とした。

先住民たちは土地を所有するという概念もなく、それぞれに共同体を成していた。「部族」という概念も入植者たちが分類のために考えたものだといわれる。あえて「部族」で分類すれば、北米には少なくとも五〇〇以上の部族が存在していたといわれる。

「レベッカ」こと、ポカホンタスのほほえみ

「先住民のことを知りたいと思うのであれば、まずは博物館や美術館に足を運ぶことからはじめ

ナショナル・ポートレート・ギャラリーに展示されているポカホンタスの肖像画

るべきである」と、DC都市計画課のスタッフに勧められた。

連邦および地方裁判所が並ぶジュディシュアリー・スクエア（法廷広場）にあるスミソニアン博物館のひとつ、ナショナル・ポートレート（肖像画）・ギャラリーには、アメリカで最も有名な肖像画がある。ポーハタン族のポカホンタス（一五九五―一六一七）である。

ポカホンタスの「物語」とはざっと次のようだ。イギリスからの植民者が先住民と出会ってから間もないころ、探検家ジョン・スミスがチェサピーク湾を航行中に付近の先住民、ポーハタン族に捕らえられ、斧で首を切られそうになったとき、酋長の娘であるポカホンタスが身を投げ出して前に立ちはだかり、命を救ったというエピソードである。

その後、先住民と入植者のあいだの軋轢が高まる中、ポカホンタスは、イギリスからの入植者たちに捕らえられ、キリスト教に改宗。クリスチャン名を「レベッカ」としたポカホンタスは、入植者ロルフと結婚し、イギリスに渡った。「政略結婚」であったという説もあるが、男の子をもうけた後、病いに倒れ、二二年という短い生涯を閉じている。

時代とともに、物語の中のポカホンタスは、よりドラマチックに描かれ、「植民者とインディアンを結ぶ和平の象徴」として、〝ヒロイン〟的な扱いを受けた。三〇〇年以上も語りつがれてゆくあいだに、ポカホンタスの「物語」は「神話」となって一人歩きしたといえる。

フレンチ&インディアン戦争

一七世紀の初めにイギリスからの入植がはじまって一三〇年、のちに州となる一三の植民地ができあがった。しかし、この頃はまだ植民地間には連帯感が薄く、イギリスに忠誠を誓うロイヤリストたちも存在し、宗主国イギリスとの絆はまだ強かった。

そんな中、一七五五年に「七年戦争」といわれる「フレンチ&インディアン戦争」が勃発した。一八世紀半ばごろになると、イギリス領の人口一二〇万人に対して、フランス領の人口は六万人となり、イギリス領がフランス領を人数の上で圧倒するようになっていた。そして、南はフロリダから北はカナダまでの領地において、先住民たちの文化を尊重し、友好関係を築いていたフランス勢は、先住民を野蛮と見なして排斥しようとしたイギリスの植民者たちにとって脅威となっていた。

植民地での英仏の衝突は、ヨーロッパにおける本国の政治情勢に大きな影響を受けている。英仏両国は、一四世紀から一五世紀までの一〇〇年戦争をはじめ、常に対立するライバル関係にあった。植民地においても同じで、その対立は一八世紀になるとますます激しさを増していった。

この時期、イギリスの植民地軍は民兵が多く、一方のフランス側は正規軍が派遣されていたので軍事的には優位にあると見られていた。ところが、フレンチ&インディアン戦争初期においては、イギリス軍の巧妙な作戦が当たり、フランス軍は劣勢となった。この戦争で一目置かれたのがのちにアメリカ合衆国初代大統領となる若きジョージ・ワシントン（一七三二―九九〈任期一七八九―九七〉）で、植民地から招集した民兵を指揮した将校の一人であった。

八年にわたる戦争が終結し、一七六三年のパリ条約では、イギリスはカナダおよびミシシッピ川以東の領有権を獲得し、新大陸における絶対的な地位を確立し、フランス軍は北米大陸から撤退した。

一方で、フレンチ&インディアン戦争においてともに戦った一三の植民地の人々の間には、イギリス本国の影響力を排除しようとする自立心が促された。そして、仏軍撤退後、招集がかかれば即座に駆けつける植民地内の民兵たちによって、イギリスの庇護を求めなくても自分たちの安全は自分たちで守れる、という意識が強まった。フランスという「外部からの脅威」がなくなったと同時に、アメリカ人としての意識が芽生え、イギリスとの距離が広がったという。

独立戦争から独立宣言へ

ペンシルヴェニア通りにある国立公文書館、ナショナル・アーカイブズ（NARA）の本館

国立公文書館（NARA）の本館

「アーカイブス・ワン」には、アメリカ合衆国建国正式文書が一般公開されている。

NARAの円形広間に、アメリカ人であれば一度は見るべきだとされる独立宣言（自由の憲章）、合衆国憲法、権利章典の「三つの聖典」が納められている。合衆国の根幹をなす三つの文書は劣化が激しく、第二次世界大戦後、防弾ガラスに入れられ、加湿ヘリウムの中に保存され、その後、不活性アルゴンガスが入ったチタンの特殊ケースに入れられた。NARAには毎日、平均六〇〇〇人が訪れるといわれるが、「三つの聖典」は夜間や緊急時には地下六・五メートルの安全な場所に保管されている。

NARAには一九三四年創設以来、一七七五年からの公式文書で政府が重要と認めた書類を永久保管している。保管されているのは政府文書のわずか一〜三％にすぎないというが、タイム誌によれば、ページ数にして文書が九〇億ページ、写真、表建築図面、記録フィルムなど、並べると地球を六〇周するほどの長さになるという膨大な量である。

さて、独立戦争はどのようにしてはじまったのだろうか。

宗主国イギリスは、植民地アメリカにさまざまな関税をかけようとした。一七六四年に砂糖税、そして一七六五年に印紙法がイギリスによって強要され、一三の植民地は激しく反発した。それまでは連帯感がなく、植民地間の政治的統合はなかったものの、そこはイギリスの圧政から逃れて新大陸にやってきた開拓民たちである。イギリスの圧力に抵抗する素地があったのは当然である。

印紙法は、すべての商取引、司法上の文書、酒屋の営業許可書など、多岐にわたり徴収される税金であった（なお、植民地からの抵抗が強かったため、印紙法は一七六六年には廃止された）。するとイギリスは東インド会社を経済支援するため、一七七三年に一三植民地に対して、独占的に東インド会社の茶を売り込み、税金を徴収する茶税法を導入した。茶税法に対する反発は、印紙法よりもさらに激しいものとなり、植民地の人々は東インド会社の船がボストン港に入ってくると、茶箱を次々に海に投げ捨てた。「ボストン茶会事件」である。「書類さえあれば徴税が可能」、との高圧的なイギリスに対し不満を募らせた一三植民地の人々は、イギリスからの独立志向をさらに強めていった。

一七七四年九月、〈イギリス本国において参政権がないのに課税される〉——この不条理に対して、一三植民地の代表は自治について話しあうためにフィラデルフィアに集まり、第一回大陸会議を開催した。

そうした中、とうとうイギリスへの決定的な反逆の火ぶたが切られた。一七七五年四月、マサチューセッツ州のレキシントンとコンコードで、民兵の武器庫を接収しようとしたイギリス軍とアメリカの民兵隊が衝突、イギリスとの本格的な戦闘が起きた。これが独立戦争のはじまりである。一カ月後、再びフィラデルフィアに代表者たちが招集された第二次大陸会議では、激論の末イギリスからの離脱を決定し、翌七六年七月、独立宣言が採択された。

独立戦争の勝敗を決定づけたのは、フレンチ&インディアン戦争で敗北したフランスが独立軍側についたことだった。フランスに続き、オランダ、スペインも加わり、武器が少なくかつ訓練不足であった独立軍は勢いを取り戻した。そして独立宣言から七年後の一七八三年、パリ条約でイギリスはアメリカ合衆国の独立を認め、ミシシッピ川以東の領土をゆずった。

なお、戦争終結後、独立軍に参加した黒人たちは、自由と権利を主張しはじめた。だが、ワシントン大統領をはじめとする南部のプランター（農園主）たちにとって、黒人奴隷制は「利益を出すための労働力」として維持された。独立戦争勝利に貢献した南部の有力者に配慮し、黒人奴隷制については、あえて憲法に明記することなく、問題は先送りされることになった。当時、宗主国であったイギリスでは奴隷制廃止の気運が高まっていたため、奴隷制を維持するために早急にアメリカの独立が進められたという説さえある。そして独立戦争後、アメリカでは、「インディアンの土地を奪う（フロンティア・スピリッツ）」と「奴隷制の維持」という二つの「負の遺産」が同時進行していくことになる。

「南の州」にポトマック川の〝パリ〟

新大陸アメリカでは、米国憲法（一七八八年）が制定されるまで、「暫定首都」としてニューヨーク（一七八九―九〇）とフィラデルフィア（一七九〇―一八〇〇）が首都の役割を果たしていた。それまで米議会とは、イギリスの植民地としてあくまで各邦の意見をまとめるための「大陸会議」であった。イギリスから独立し、アメリカ合衆国となったため、定例議会を開催できる「定住の都」の建設が求められた。

一七九〇年七月、米議会において新しい首都の建設が承認され、具体的な計画が進められた。当時、主に船による交通の便を考えて、港町のある地域が候補にあがった。また、軍事的には外海に面しているより、深く入り組んだ入江が望ましい。その意味でもチェサピーク湾の深奥部は理想的である。ポトマック川河口沿いには、ジョージタウンとアレクサンドリアという栄えた港

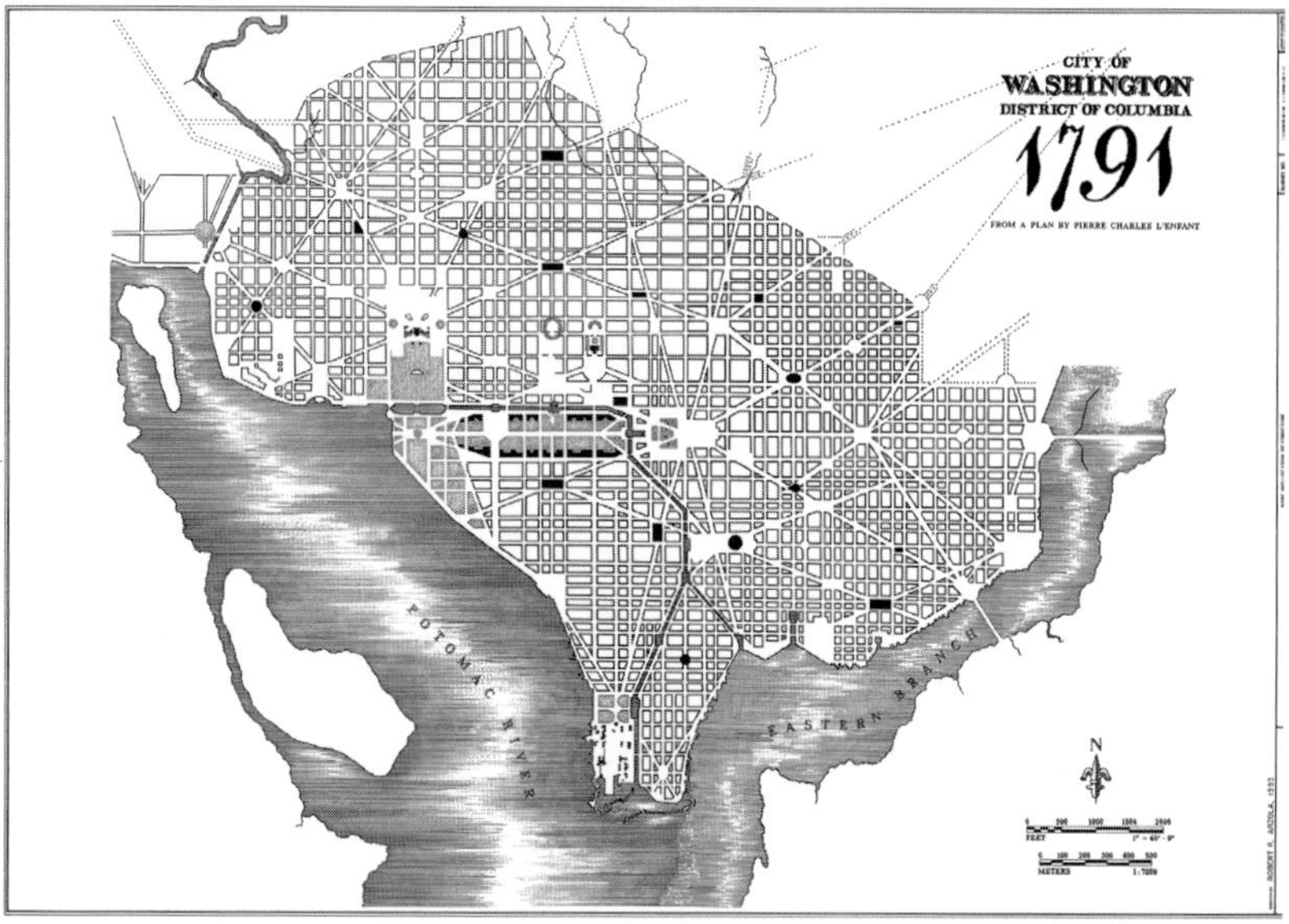

ランファンが構想した都市計画図（議会図書館蔵）

町もあったことに加え、初代大統領ジョージ・ワシントンの出身地も近い。首都の候補地は、メリーランド州とヴァージニア州にまたがっていた。

首都の建設は、フランス人建築家、ピーター（帰化したときに「ピエール」から改名）・ランファン（一七五四―一八二五）に任された。アメリカ独立戦争の理想に感化され、二三歳で従軍すべくパリから新大陸へやってきたランファンは、ジョージ・ワシントンの率いる軍隊のエンジニアとして活躍した。そして独立戦争後、ランファンは、初代大統領となったワシントンから、メリーランド州とヴァージニア州から割譲された荒野を街にするという、極めて困難な任務を与えられた。ランファンは、新しい首都をパリのような壮麗かつ洗練された街にしたいと、想像力を膨らませた。

ワシントン大統領とランファンは、ジョージタウンのMストリートにあるオールド・ストーン・ハウスで、首都の建設計画を練るため、たびたび会った。独立戦争前の一七六五年に建てられたオールド・ストーン・ハウスは、ワシントンで保存されている最も古い建物である。現在は博物館として一般公開されており、館内には一八世紀の調度品が展示されていて当時の質素な生活をうかがうことができる。

ランファンは初めから、将来、大国となるべきアメリカの首都にふさわしい設計図を脳裏に描

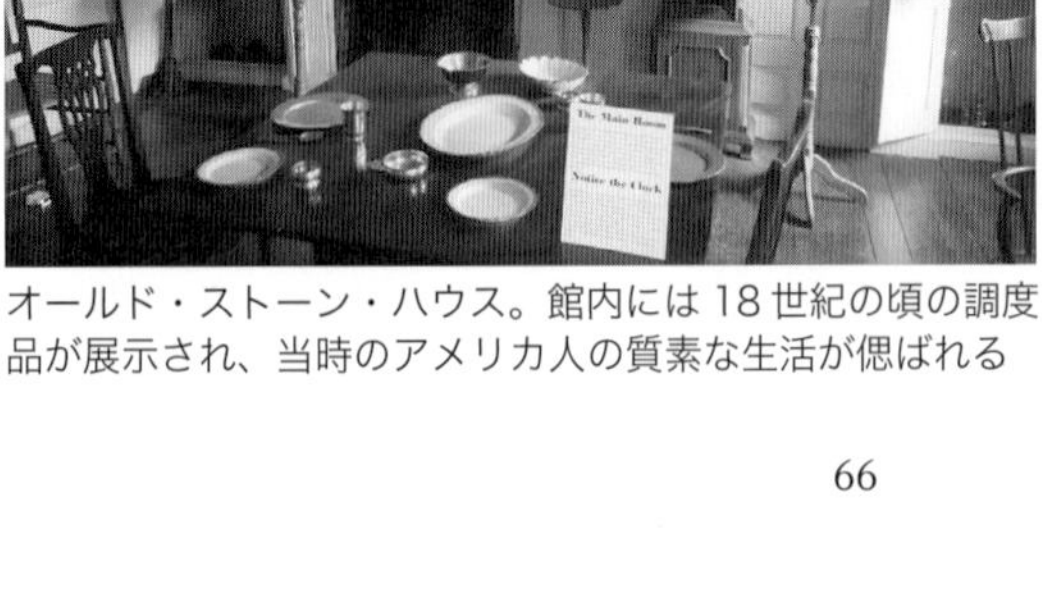

オールド・ストーン・ハウス。館内には18世紀の頃の調度品が展示され、当時のアメリカ人の質素な生活が偲ばれる

いていたようだ。そのために首都としてふさわしい放射状の大通り、そして大通りをつなぐロータリー（サークル広場）や大型の公園を擁する象徴的、かつ機能的な都市計画を推進しようとした。ポトマック川の〝パリ〟の計画はワシントンの引退後、第三代大統領、トーマス・ジェファソン（一七四三―一八二六〈任期一八〇一―〇九〉）に引き継がれた。彼はフランスびいきであったことが知られている。

今日のワシントンとして知られている地域には、ヨーロッパからの移民が入植して以来、約一〇〇年間、極めて狭い範囲で共同体を維持してきた。

当初、「ワシントン市」（City of Washington）と呼ばれることになった地域は約五〇〇〇エーカー（約二〇平方キロメートル）。ほとんどが草原や谷、湿地帯であった。新政府は、隣接するメリーランド州とヴァージニア州で農業を営んでいる一九の地主から山林や放牧地を買いとり、さらに人の手が入っていない森林を整備していった。

都市計画の責任者になった自由黒人・バナカー

首都の建設を急いだ「建国の父たち」は、ポトマック川の〝パリ〟を目指して妥協を許さないランファンを解任するようワシントンに迫った。かわりに測量士のアンドリュー・エリコット（一七五四―一八二〇）とベンジャミン・バナカー（一七三一―一八〇六）を後任の都市計画責任者

ベンジャミン・バナカー像（国立アフリカン・アフリカン博物館内）

に任命した。二人はランファンの原案を修正し、わずか一カ月で政府首脳と議会の承認を得た。

バナカーの母方の祖母はモリー・ウォルシュというイギリス出身の年季奉公人（インデンチャード・サーバント）であった。モリーは、数年間農場で奉公したあと、同様に自由を勝ち取った黒人と結婚した。バナカーの父は「自由黒人」であった。父が所有する農場で子ども時代を過ごしたバナカーは、徹底した平和主義を唱えるクエーカー教徒のエリコット家と知り合ったことで、大きな影響を受けた。クエーカー教徒は黒人の教育に熱心で、奴隷制の廃止も訴えていた。

ここで特記すべきは、黒人たちは最初からすべてが奴隷ではなかったことだ。植民地時代にはイギリスからやってきた白人の年季奉公人がいたほか、奴隷制が確立されていなかった頃、黒人の中にも自由黒人がいたのである。

というのも、黒人に対する扱いは、時代ごと、地域ごとに異なり、奴隷制はアメリカ合衆国が発展する中で、常に変化していった。

たとえば季節労働者であった黒人が自分自身の自由を買う方法、あるいは所有者による自発的な奴隷解放（マニュミション）という行為があった時代もあったし、従軍して生き残った場合には自由になれるという事例もあった。

一七八〇年、ペンシルヴェニア州では初めて部分的な奴隷解放令が可決されたが、隣接するメリーランド州にも多数、自由黒人がいた。北部では奴隷制を廃止する州が増え、一八〇〇年当時、合衆国一三州には一〇万人以上の自由黒人がいたとされる。

ダイヤモンド型に置かれた境界石

新しい首都の測量は、ヴァージニア州アレクサンドリアの南端のジョーンズポイントを起点としてはじまった。エリコットとバナカーが首都に指定した「ダイヤモンド型」の境界線には、四〇個の簡素な「境界石」が置かれた。それらは二〇〇年以上経って風化し、射撃の標的にされたり、トラックに轢かれたりして、現存しているのは三六個である。

なお、後述するように、一八四八年にヴァージニア州住民の請願により、ポトマック川以西の部分が返還されたため、首都のダイヤモンド型は三分の一が〝欠けた〟いびつな形となった。

ある境界石を探して、NW地区の地下鉄のフレンドシップ・ハイツ駅を降りてみた。地下鉄の

現存する境界石

駅から探すこと徒歩約一五分。民家の前庭にあった境界石は素朴で小さく、かすかに一七九二年と刻印されているのが確認できた。境界石は「アメリカ独立革命の娘たち（DAR）」という団体が柵を設け、現在も市民のあいだで「ワシントン最古の記念碑」として保護する運動が進められている。

拡大するアメリカの国土

一八〇三年、アメリカはフランスのルイジアナ領を一五〇〇〇万ドルで購入し国土は二倍になった。

独立宣言を起草したジェファソン大統領は、人民の声を重視し、細かい陳情の手紙を熱心に読

ジェファソンが住んでいたモンティチェロの邸宅（ヴァージニア州）

み、返事も送るという几帳面な性格であったという。しかも、手紙を書いてきた市民たちには、後から切手代まで送ったという律儀さである。

黒人の測量士、バナカーの才能を早くから見抜き、奴隷制が続く時代に「黒人でもこのように優秀になれる」とその登用を決めた。しかし、「すべての人間は自由で平等である」という言葉を独立宣言に起草したジェファソンの黒人に対する扱いは、同時代を生きた支配階級そのものであった。

ジェファソンの自宅は、ヴァージニア州シャーロッツビルの郊外、モンティチェロにあり、現在一般公開されている。ワシントンからであれば車でフリーウェイ95を二時間半、南西に約一八五キロ（約一一五マイル）である。そこには、ジェファソン自身が考案したコピー機

領土を拡大した第３代大統領トーマス・ジェファソンの像（ヴァージニア州モンティチェロ）

（右側で書いていると左側で複写できるというシンプルなもの）、自動ドア、回転式本棚など、発明家としての横顔を覗くことができる。ジェファソンは大地主としてプランテーションを経営し、数百人の奴隷を所有していた。自宅の敷地内には当時の奴隷が生活をしていた長屋も保存されている。

ジェファソンの最大の功績は、ルイジアナ領（中西部）をフランスから破格の一五〇〇万ドルで購入し、アメリカの国土を一挙に倍増させたことだ。当時のルイジアナ領とは、西はロッキー山脈、北はカナダまで、南はニューオリンズ付近までの広大な未開拓の中西部をさしていた。

一八〇四年、ジェファソンは、この新しい領土の調査のために探検家のメリウェザー・ルイス（一七七四―一八〇九）とウィリアム・クラーク（一七七〇―一八三八）を派遣した。当時、西部の探検は危険がつきものであったが、彼らが太平洋まで踏査し、二年間の探検旅行を無事に行うことができたのは、同行した数人のショショニ族をはじめ多くのインディアン部族の協力があったからといわれる。太平洋までのルートを発見したことは、入植者の増加で領土拡張を常に進めていた米国の西部進出に追い風となった。

アメリカ合衆国最初の対外戦争――トリポリ戦争

歴史家、ジェームズ・グードの著書『Washington Sculpture（ワシントンの彫刻）』（二〇〇八年）によれば、ワシントンで最初に建設された戦争記念碑は、トリポリ戦争記念碑である。これは北アフリカのトリポリ戦争（一八〇一―〇五）に参戦したアメリカ兵を讃えるものである。

忘れられた戦争のトリポリ戦争（海軍博物館内展示から）

紛争のきっかけは、現在のモロッコ、アルジェリア、トリポリ、チュニスのあたりにあったバーバリ諸国のうち、イスラム教都市国家、カラマンリー朝（トリポリ）が船舶航行に際して法外な通行料を要求しはじめたことに端を発する。

通行料は、アメリカがイギリスの植民地であった頃は、イギリスによって支払われていた。しかし、独立後、ジェファソン大統領は支払いを拒否し、トリポリに大艦隊を送り、戦争となった。

アメリカ兵がトリポリに捕虜としてつかまり、米軍艦のフィラデルフィア号が敵の手に落ちたとき、アメリカ側は大胆な作戦に

ワシントンで最初に建設されたトリポリ戦争記念碑（写真提供／議会図書館）

ディケーターの家からは奴隷の部屋がみつかった

出た。夜間、トリポリ港に忍び込み、フィラデルフィア号に乗り込んで自ら火をつけたのだ。これをきっかけにしてトリポリ軍を数回襲撃、結局、休戦に持ち込まれ、一八〇五年、かろうじてアメリカの「勝利」となり条約が結ばれた。

「バーバリ戦争」とも呼ばれる地中海での戦争は、アメリカ合衆国が創設したばかりの海軍を海外に初めて派兵、そしてイスラムとの初めての戦いでもあった。

この戦争で功績のあった海軍士官、ステファン・ディケーター（一七七九―一八二〇）の家は、ホワイトハウス近くのＨストリートにあり、博物館として公開されている。ディケーターの家には、黒人奴隷が実際に住んでいたとされる部屋跡が保存され、首都の貴重な歴史的建築物のひとつである。

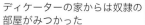

トリポリ戦争記念碑は当初、議事堂の敷地内に建立されたが、メリーランド州アナポリスの海軍士官学校の敷地内に移された。トリポリ戦争記念碑は国家による戦争記念施設の先例となった。

「第二次独立戦争」とホワイトハウス

一八一二年六月、「第二次独立戦争」と呼ばれる米英戦争が勃発した。紛争の舞台となったのはカナダ・五大湖一帯である。当時のカナダはイギリス領で、独立戦争の際にはイギリス側についたロイヤリストたちが多数移り住んだ。また、東海岸だけでなく、カナダに至るまでの北部、エリー湖やオンタリオ湖一帯のインディアンはイギリスの支援を受けていて、常にアメリカに対して反抗する気配を見せていた。アメリカ国内で反英感情が高まる中で、イギリスが海上封鎖を行って通商を妨害したのをきっかけに、アメリカはイギリスに宣戦布告した。以後、一八一五年二月まで、イギリスとアメリカは再び戦うことになった。

イギリスは、当時ヨーロッパでは対ナポレオン戦争の真っ最中であり、アメリカの指導者たちは、戦争は早期に決着すると予想したが、英軍とインディアンの連合軍にてこずった。

一八一四年、イギリス軍は首都を焼き討ちし、建国したばかりのアメリカに打撃を与えようとした。海軍基地があったネイビーヤードや首相官邸が一部、破壊された。このとき、首相官邸は煤で黒くなった壁を漆喰で塗ったことで白くなったため、以後、ホワイトハウスと呼ばれるようになった。

イギリスは、一八〇五年からナポレオンとの戦争を二〇年間も続けていたため、これ以上、アメリカとの戦いを続けることは望まず、ナポレオン戦争が終わるとすぐに和平交渉が進められた。英米両軍が一進一退の攻防を繰り返した第二次英米戦争は、内実は「引き分け」のようなものといわれるが、表向きはアメリカの勝利とされた。

第二次米英戦争ではインディアンたちはアメリカ側、イギリス側に分かれて英仏代理戦争となった側面がある。しかし、戦争末期、イギリス側について先住民の各部族をまとめてアメリカ軍に大きな損害を与えていた指導者、テクムセ（一七六八？―一八一三）がイギリス軍とともに撤退する際に戦死したことで、北米インディアンは求心力を失い、衰退していった。

アメリカ国内では、戦争中イギリスからの輸入品が途絶えたことで、国内の産業が盛んとなる契機となり、イギリス資本を頼らずに経済的自立を果たして自信を深めることになった。これが、第二次米英戦争は「第二の独立戦争」といわれるゆえんであり、アメリカ人はより一層、国家意識を高めたといわれる。

キー橋と国歌

ジョージタウンとヴァージニア州ロスリンの間にかかっている「フランシス・スコット・キー

フランシス・スコット・キー橋

橋」は、一九二三年、アメリカ陸軍工兵司令部（USACE）によって建設された、ポトマック川に架かる橋の中で最も古い橋だ。ワシントンには長短二〇〇の橋があるが、大統領や音楽家にちなんだ名前が多い。

キー橋は、国歌「スター・スパングルド・バナー（星条旗）」の作詞者フランシス・スコット・キー（一七七九―一八四三）にちなんで命名された。

キーが国歌を作詞したのは、第二次米英戦争の際、メリーランド州ボルティモアのマックヘンリー砦がイギリス軍の猛攻を受けて陥落したと思われたのに、一夜明けて砦にはまだ星条旗が翻っていた。その光景に感動したキーが書いた星条旗を讃える詩が国歌となった。

キーは、メリーランド州の地主であり、奴隷所有者であった。大の反奴隷解放主義者で、法律の専門家でもあったキーは、検察官の立場を利用し、奴隷解放論者を抑圧した。

一八三〇年代、奴隷解放が叫ばれ、各地で暴動が起きた。首都ワシントンでは、住民の八割が奴隷制廃止を支持していた。そのような時代にあって、キーは、「白人が黒人を所有する権利」を保護しようとした。「自由人のための国、勇気ある者の故郷」と作詞したキーは、黒人奴隷に対しては自由を与えないようにした。前述のジェファソンやキーのような建国の理想の中にある矛盾を知ることで、アメリカに対する理解が深まると思う。

アメリカン・ヒーローの誕生

後世、初代大統領のジョージ・ワシントンについては数々の伝説が語られている。

ワシントンの「神格化」に寄与した伝説としては、まず「桜の木」のエピソードがあげられる。牧師であったパーソン・ウィームズ（一七五九―一八二五）は、その名前こそ忘れ去られてしまったが、初めて初代大統領ワシントンの伝記を著すことを思いついた「伝記作家」である。ウィームズは、ワシントンにまつわる逸話を集めて脚色を加え、一般市民向けに伝記『ワシントンの人生』を書いた。ワシントンの死後、本を売りだしたところ、飛ぶように売れた。著書の中で最も知られることになったのが、「父が大切にしていた桜の木を斧で切ったことを勇気を出して父親に告白した」エピソードである。

自由と民主主義を掲げた国民の理想は、偶像化したほうがわかりやすい。ウィームズの成功はそのまま「国民的英雄、アメリカン・ヒーロー」の誕生でもあったともいえる。

ワシントンを国の象徴として国民に知らしめる試みは、記念碑建設へとつながっていった。まず議事堂の東側に〝ローマ風〟ジョージ・ワシントン像（一八四一年作）が製作された。

この作品は、等身大より数倍大きな記念像で、ワシントンの神格化を目指したものだが、当時、市民のあいだではすこぶる不人気であった。最大の理由は、「アメリカ的に見えない裸のワシントン」で、訪れた子どもたちは目を丸くして見上げていたという（現在は、国立アメリカ歴史博物館に収蔵されている）。

〝ローマ風〟ジョージ・ワシントン像
（国立アメリカ歴史博物館内展示から）

ワシントンの神格化は、議事堂の天井のフレスコ画にもみられる。「エ・プルリブス・ウヌム（多数からなる一つ）」と書かれたリボンを持つ女神たちに囲まれたワシントンは、まさに天に昇った神のイメージである。

記念碑を通じて、「アメリカの基本原理」をどう国民に浸透させていくか、いくつかの失敗作をへて、この試みは、ワシントン記念塔の製作へとつながってゆく。

〝インディアン・ファイター〟ジャクソン大統領の時代

ホワイトハウスの北側の緑地に、後ろ足二本だけで立ち、今にも跳躍しそうな馬に乗る騎手の像がある。第七代大統領、アンドリュー・ジャクソン（一七六七―一八四五〈任期一八二九―三七〉）の銅像だ。インディアンに対する容赦ない討伐作戦を指揮して「インディアン・ファイター」と呼ばれたジャクソンらしく、いかにも勇ましく躍動感にあふれている。

一九世紀半ば、欧州からの移民は増え続けていた。アメリカに行けば優先的に土地を取得できる、社会で成功するチャンスがあるといわれ、ヨーロッパの白人男性たちは海を渡った。新大陸で成功するための「チャンス」とは、すなわち土地の獲得であり、アメリカ合衆国にとってはさらなる領土の拡大を意味する。

ジャクソン大統領は、それまでの政治家を輩出してきたヴァージニア州出身の農園主でも、北部のマサチューセッツ州の名門の出身でもなかった。両親がアイルランド移民で、独学で法律を学んだ、いわばたたき上げであった。幼い頃、兄がインディアンに殺されたことから、大のインディアン嫌いであった。

ジャクソンは、ワシントンにもジェファソンにもできなかったインディアンの移住政策を実行した。

ホワイトハウス前に建つアンドリュー・ジャクソン像

一八三〇年五月二九日、連邦議会はわずかな票差で、東部のインディアンの土地をすべてミシシッピ川以西の土地と交換するという移住政策を採択した。むろん、インディアンたちは無抵抗で服従したわけではない。白人文化への同化が進んでいたチェロキー族の一部は、白人の洋服を身にまとい、黒人奴隷さえ所有して裕福になっていた。彼ら「同化インディアン」たちは、チェロキーの土地は「独立国」であってジョージア州による土地没収は違法であると主張し、最高裁に提訴までしたが、訴えは却下された。財産を奪われ、ジョージア州から一〇〇〇キロ以上も離れたオクラホマ州に強制移住させられたチェロキー族の悲劇は、道中、約四〇〇〇人が命を落とした「涙の旅路」として語り継がれている。

一六世紀から一八世紀にかけて東海岸沿岸部に

居住していた先住民たちは、度重なる白人との戦争、部族間の紛争、黒人奴隷同様の扱いによるプランテーションでの強制労働、さらにはヨーロッパからもたらされた疫病で次々に命を落とした。インディアンたちは、アメリカの移民が増えるにつれて内陸部へと追いやられ、人口が減少するばかりであった。一九世紀にはチェロキー、チカソー、クリーク族などの南部インディアンたちの白人文化への同化が進み、白人の血が混じった混血インディアンたちは次々にキリスト教に改宗していった。

こうして、コロンブスがアメリカを「発見」したといわれる一四九二年頃、北米大陸に一〇〇〇万人ほどいたと推定される先住民は、一九世紀の前半には六〇万人ほどに激減した。

一方、白人たちに生活向上の機会を与えたジャクソン大統領は、国民的英雄となった。その時代は「ジャクソン・デモクラシー」と呼ばれた。ホワイトハウスに巨大なチーズを用意して市民を招くなど、大衆受けがよかったようだ。もっともジャクソンは、個人的にはインディアンの子どもを養子に迎え、育てたという側面も持ち合わせていた。

アメリカはジャクソン時代から本格的に大陸内部を開拓している。

一八一九年にスペインから購入したフロリダ半島へ進出し、一八三六年にはテキサスの入植者たちがメキシコ軍と衝突、一八四五年にメキシコからテキサスを併合し、一八四六年にはイギリスとの共有地であったオレゴンを併合した。

西部への進出が正当化されたことには、新聞という新しい大衆のニュース媒体が普及したことも大きく影響している。新聞では、「マニフェスト・デスティニー（明白なる運命）論」が自明の理として謳われるようになった。アメリカが大陸全土へ膨張することは、すなわち「民主主義と自由を広めるよう、神から与えられた運命である」と正当化されるようになったのである。

III

南北戦争前夜から再建の時代

かつてのジョージタウンには
黒人が多く住んでいた

ワシントンの奴隷市場

アフリカからの最初の奴隷がアメリカ大陸にやってきたのは、一六一九年、オランダ船が二〇人の黒人を新大陸の植民地の街、ジェームズタウン（ヴァージニア州）に連れてきたときといわれる。詳細はわかっていないが、アフリカ大陸から「拉致された黒人たち」は、スペイン領の西インド諸島へ向かう奴隷商人たちが新大陸に寄ったときに売られたとされる。当時、アメリカには奴隷制はなく、黒人たちは貧しい白人の季節奉公人と同様、重労働に従事させられることになった。古代からあった奴隷制ではあるが、北アメリカ大陸に奴隷制が広まったのは一七世紀以降である。

一六六〇年ごろになると、黒人奴隷は重宝されるようになる。なぜなら、新大陸での労働力は常に不足していた。先住民とちがって黒人たちは新大陸で土地勘もなく、逃亡したりすることが難しい。反抗的な先住民を奴隷として服従させることが困難であったのに対して、黒人奴隷はたとえ逃亡しても厳しい気象条件の新大陸で生き延びることが容易でなかったうえに、肌の色で見分けられやすいために捕らえられやすかった。

黒人奴隷たちは、スペイン、ポルトガル、オランダなどが中心に行った三角貿易のため、アメリカにおいて年々、増えていった。三角貿易とは、ヨーロッパの港、アフリカ大陸の西海岸、そして西インド諸島とアメリカ大陸の三つの拠点を結び、貿易を行うことである。ヨーロッパからアフリ

ユニオン駅あたりにも奴隷市場があった

カ大陸へ向かう船には武器、弾薬、衣服などを搭載して売りさばき、アフリカでは現地部族の有力者と癒着して黒人たちを拉致し、西インド諸島とアメリカ大陸へ向かい、奴隷を売りさばく。西インド諸島とアメリカからはタバコ、砂糖、麻などをヨーロッパの港へと輸送する。三角貿易は常に荷物を搭載し、船が空になることがないので極めて効率的であった。特に一六世紀からイギリスの三角貿易が盛んになると、一二世紀半にわたり、アメリカには多数の黒人が輸送され、奴隷となった。

一八世紀半ばには、推定二三万二〇〇〇人の黒人奴隷が一三の植民地の全州にいたとされる。黒人たちは北部の州では住み込みのメイド、手工業者、単純労働に就くことが多かった。南部では農業経済が発展するとともに、米、染色の原料のインディゴ、たばこを栽培する労働者が不足して、黒人奴隷の需要が高まった。独立戦争の後、一七九三年にコットンジン機が発明されて、綿花の種と繊維の分離が手作業より数倍の速さで行うことが可能になったことで、綿を摘む黒

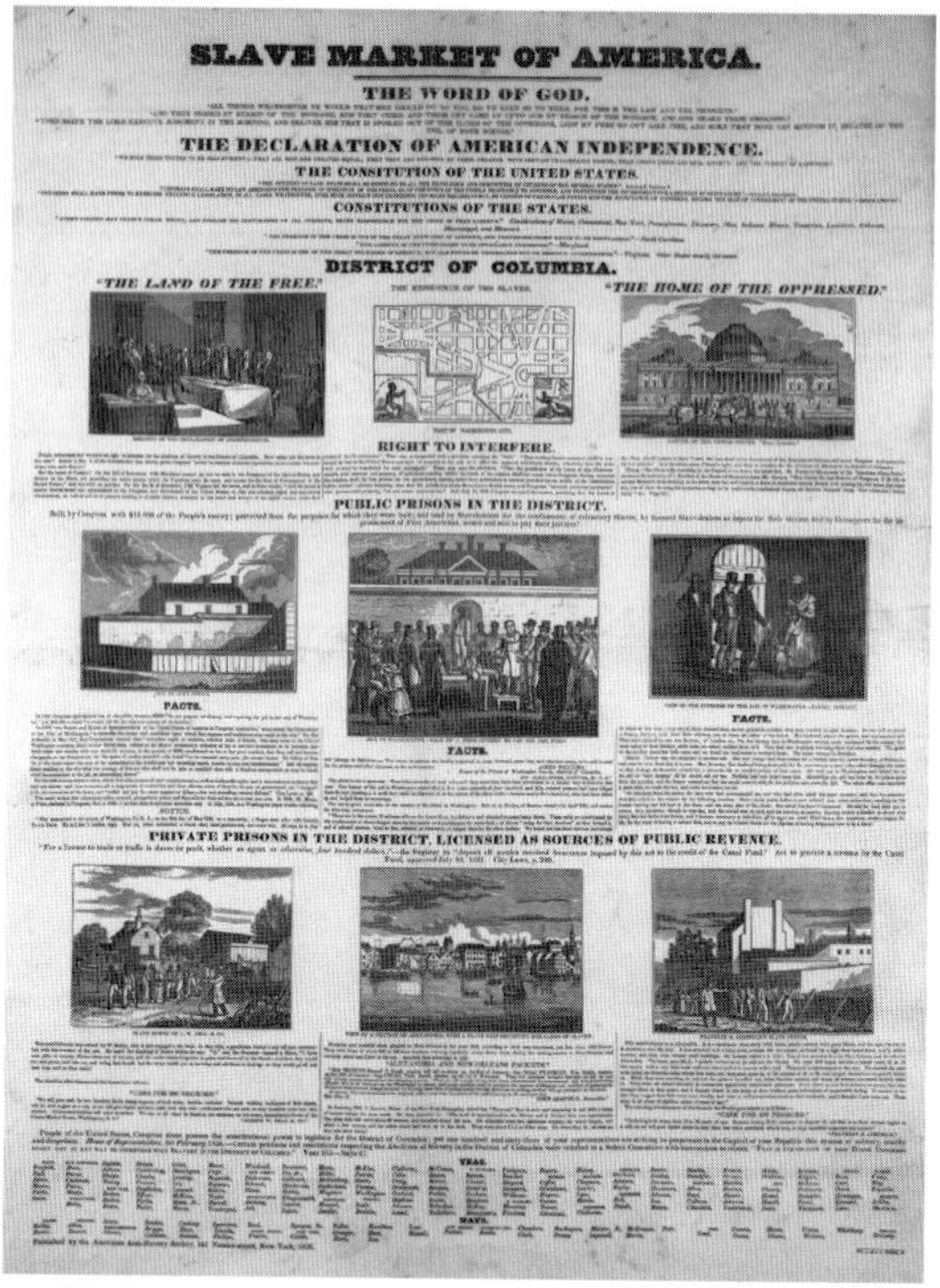

「自由の国、抑圧される者の故郷」と奴隷制に反対するポスター（1836年、議会図書館蔵）

人奴隷の労働力がさらに必要となった。奴隷需要は、綿の生産地として大型農場のプランテーションが散在した南部のジョージア州やサウス・カロライナ州で高まった。

黒人奴隷を売買するための奴隷市場は港町によく見られ、ワシントン市内にも、奴隷市場がいくつもあった。入り江の波止場、ホワイトハウスの北のラファイエット広場、ユニオン駅あたりの広場、議事堂の北と西、モール（緑地帯）の北側と南側などである。連邦政府は、奴隷市場を大目に見ていただけでなく、黒人たちに買い手がついて輸送するまでの間の収容施設として刑務所を一晩三四セントの賃貸料で、奴隷業者に貸していたという記録もある。むろん、市内には、民間人の運営による収容所もあちこちにあったようだ。

市内では、自由黒人が誘拐されることもあった。すでに奴隷制を廃止していたニューヨーク

ジョージタウンの港は奴隷市場が盛んだった

州から商用でワシントンに滞在したサロモン・ノースロップは、一八四一年、三二歳のとき、奴隷仲介業者に拉致された。数日間、首都の民家の地下室で拘束され、南のプランテーションへ売られて一二年間の奴隷生活を過ごした経緯は、二一世紀になって映画化された。ノースロップが売られたのは、特に逃亡することが困難で、多くの奴隷を酷使していたルイジアナ州の大農場であった。あるとき、農場に手工業者として忍び込んでいたカナダ人の奴隷廃止活動家により、自由黒人であったことが証明され、出身地のニューヨークに帰還することができたのである。

ジョージタウンにもあった奴隷市場

ワシントンの「ジョージタウン」といえば、Mストリートとウィスコンシン通りが交差する、NW地区の最も西にある地区である。おしゃれなブティックやレストランが並ぶ賑やかな通りを少し離れると、一八世紀からの建物を改装した高級住宅街となる。ジョージタウンが正式に首都の一部となったのは一八七一年であるが、街の歴史は首都ワシントンの歴史より古い。ジョージタウンにはもともと先住民の村「タホガ」があった。この村にイギリスからの植民者が移住してきたのは一七世紀末のことであった。やがて港町として栄え、一七五一年にジョージタウンと改名された街には、一七六〇年から一八六一年までの約一世紀、奴隷市場があった。

若者に人気があるジョージタウンの繁華街と運河

植民地の一三州に連れてこられた黒人奴隷は全部で推定三五万人とされ、当時の人口の五％と、人口比ではわずかな数であった。三角貿易による奴隷の大半はカリブ海やブラジルなどで労働者となったものの、現地での寿命は短く、子孫を残すことが困難であった。しかし、アメリカ大陸へやってきた黒人奴隷は、当時のヨーロッパのどの国よりも寿命が長く、出生率が高かったため、黒人奴隷の数は着実に増えていった。

一八〇〇年の国政調査によると、ジョージタウンの人口五一二〇人のうち白人は三三九四人、一四四九人が黒人奴隷、二七七人が「自由黒人」であった。三人に一人が黒人であったことになる。一九世紀初めごろまでは、自由黒人の中には自分の家を持ち、商いをしていた者もいたが、奴隷売買が盛んになるにつれ、自由黒人は減っていった。

アメリカ大陸からヨーロッパへタバコ葉の輸出がされるようになると、ヨーロッパからアメリカに帰る貿易船はアフリカに寄って奴隷たちを米国へ輸送するという方法が盛んになった。それは一八〇八年まで続いた。この年、アメリカ議会は、イギリスでの奴隷制廃止運動の高まりを受け、ジェファソン大統領のもと、「黒人奴隷の輸入」を禁止する条例を可決した。しかし、アメリカの奴隷制自体は継続されたため、アメリカの奴隷市場は、一八六二年の奴隷解放条例が発布されるまで半世紀以上にわたり「国内市場」だけとなった。つまり、すでに国内にいる黒人奴隷たちの自然な人口増で奴隷売買が成立していたのである。

市場に出される黒人たちは、民家の地下室、刑務所、奴隷業を営む会社の収容所などに閉じ込められ、街の奴隷市場で「黒人男二人、三〇〇ドル、黒人女一五〇ドル、馬二頭二〇〇ドル」というように家畜同様の「商売品」として売られていった。

たとえば、ジョージタウンでのオークション公示、一八三四年七月八日、ナショナル・インテリジェンサー紙に掲載された広告（Black Georgetown Remembered から）はこうはじまる。

「家畜、奴隷、家具など。本日、オークション！」

一五日、水曜、九時に、故エドムンド・ブルック大佐宅にて、遺品のオークションを開きます。家財一切（中略）、馬二頭、牛二頭、農業用器具、そして八人の奴隷（若い男性二人、有能な女性一人、手伝いとしても優れた料理人としても可、そして五人の子供）。条件：配達の前に現金で。

トーマス・C・ライト、ジョージタウン

一八四八年、ジョージタウンでは秩序を保つという名目のもと「黒人に関する条例」が導入され、黒人への規律が厳しくなった。たとえば、黒人が夜間、ポトマック川やロッククリーク公園の川で泳ぐと公開の場で鞭打ちの刑に処する、「闘鶏」を観戦した黒人も鞭打ちの刑、凧をあげる黒人も鞭打ちの刑と、黒人の自由は次々に制限されていった。

「地下鉄道」の〝始発駅〟だった黒人教会

ジョージタウンの街から北のオハイオ州まで、三〇〇キロの運河を建設するという、チェサピーク＆オハイオ運河建設の巨大プロジェクトがはじまったのは、一八二八年であった。しかし一八五〇年、航路の六分の一が建設されたあたりで頓挫してしまった。一八二六年にメリーランド州ボルティモア港から西進してオハイオ川へと向かう鉄道が開通、物流の主役が船から鉄道に取って代わったからである。現在、建設半ばで中断された運河の跡は国立公園に指定され、川沿いをサイクリングやジョギング、散策する人々がみられる。

「地下鉄道」の〝始発駅〟だった
マウント・ザイオン教会

ジョージタウンには、一九世紀半ばから二〇世紀ごろまで、黒人が多く住んでいて、Pストリートから南、31ストリートから東の一五ブロックに集中していた。

ジョージタウンには、黒人のための教会が今も残っている。そのひとつが29ストリートにあるマウント・ザイオン教会。この教会は、ワシントン市内の黒人教会として一八一六年に組織され、最も古いとされている。黒人たちが教会に通うことが許されたのは、当時、白人の支配層がクリスチャンがほとんどで、黒人たちが独自の宗教グループを作ることを阻止するためであった。そして、黒人たちが従順なクリスチャンとなり、奴隷の供給を維持する目論見もあった。

マウント・ザイオン教会では、一八五〇年には四六九人がキリスト教徒として登録されていたが、一八五〇年半ばから減りはじめ、一八六〇年代には三三一人になった。教徒たちは、あとかたもなく「消えた」(おそらく誘拐された)か、「連れていかれた」(売買された)か、「逃亡した」という。逃亡した場合は、鉄道で北部の州やカナダなどへ逃げたことを指している。

マウント・ザイオン教会から数ブロック北東に離れたところに、マウント・ザイオン墓地がある。一八四九年以降、無一文の黒人を埋葬したという墓地は、いまではすっかり風化して、墓石があちこちで倒れ、墓標の文字さえ判読できないほど荒れ果てている。

マウント・ザイオン教会とその墓地は、「アンダーグラウンド・レールロード・ステーション(地下鉄道)」の一部であった。「地下鉄道」とは比喩で、黒人を北部の自由州へ逃がす、いわば「非公式のリレー組織」を指す。まず教会に駆け込んだ黒人が、最初の「駅員」に誘導されるまで、草木がうっそうと茂った墓地で夜まで隠れているということがよくあったらしい。

墓石が倒れ、荒れ果てたマウント・ザイオン教会の墓地。
鬱蒼とした墓地は逃亡黒人が隠れるのに適していた

「地下鉄道」で逃げるには、黒人が信頼できる協力者に頼み、数々の「駅」を経て、北進する。「地下鉄道」は何百キロにもわたるため、徒歩だけでなく、馬や鉄道なども利用する。密告の危険をできるだけ少なくするために、事前に逃亡ルートは明かされない。行き先はガイドである「駅員」たちが次の「駅員」に引き継ぐたびに伝言され、安全な場所（駅）へ移動するという方法が用いられた。「駅員」になったのは奴隷制に反対する人々であった。ここでは逃亡黒人たちは「乗客」であり、目立たないよう一人から三人という少人数で、ほとんどが夜間に移動する。「駅員」たちがどこにいるのか、時には誘導してくれる「羊飼い」（助け）も必要であった。黒人奴隷の「所有者」から依頼を受け、黒人奴隷を探して連れ戻す懸賞金めあての警官や追跡者たちが、カナダの国境まで逃亡者を探しに行くこともあったため、「駅員」たちは追手を常にかわしていかなければならない。「所有者」にとって、働きざかりの黒人奴隷たちは重要な労働力、財産とみなされていたからだ。そ

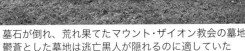

のうえ、長い道のりをやっとのことで逃げ切り、奴隷制を廃止していた北部の自由州で「自由黒人」となったあとも、再び誘拐される危険もあった。

「地下鉄道」は、白人、黒人を問わず、奴隷制廃止に共鳴する支持者たちからの資金や援助により運営され、北の自由州、あるいはカナダに逃れようとする黒人たちがあとをたたなかった。南北戦争前の一八五〇年代、頂点に達していた「地下鉄道」の活動により、毎年一〇〇〇人以上が北部を目指したという。南北戦争前までに推定で三〜四万人の奴隷が北に逃げたとされる。

船を使った「地下鉄道」では悲劇も起きた。一八四八年、七七人の黒人奴隷がパール号に乗り込み、ポトマック川を下ってチェサピーク湾を北上しようとしたとき、メリーランドの最南端で捕らえられ、過酷な労働が待っている南部の奥地、「ディープ・サウス」であるジョージア州やルイジアナ州へ売られていった。

メキシコとの戦争でさらに領土拡張

ワシントン市内には主要な道路を結ぶ円形のサークル（広場、あるいはロータリー）が三〇以上ある。その中心部にはいくつかのブロンズの将軍像が建っている。

米墨戦争（一八四六―四八）で功績があったウィンフィールド・スコット将軍（一七八六―一八六六）の像は、マサチューセッツ通りと16ストリートを結ぶロータリーにある。スコット将

メキシコ戦争で功績のあったスコット将軍(上)とローガン将軍

軍は、一八一二年の第二次米英戦争、対インディアン戦争を戦い、米墨戦争で占領したメキシコの首都、メキシコ市に知事として派遣された。後年、指揮官としての手腕をかわれたスコット将軍は、高齢でありながら南北戦争にも短期間従軍した。

もうひとつ、この時期を代表する将軍像に、スコット広場からやや北東へ、13ストリートとロードアイランド通りのサークルにジョン・ローガン将軍(一八二六―八六)の像がある。彼も米墨戦争と南北戦争を戦った。

一九世紀、アメリカは領土拡張のために複数の戦争で戦った。一八〇〇年に五三〇万人だった

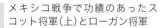

人口は、わずか二〇年後には、九六三万人となった。ヨーロッパでも人口が増えたため、アメリカへの移住者が絶えなかったためである。

西部へと開拓をすることこそ、アメリカ人に天から与えられたマニフェスト・デスティニー（明白なる運命）という言葉は、メキシコとの戦争を正当化するため、新聞の匿名論説で書かれたことがはじまりだったようだ。西部への膨張が世論で肯定されるようになると、テキサス州の帰属をめぐり、メキシコとの戦争へと発展した。農耕や牧畜のための土地を求め、領土の確保のためであれば、侵略による膨張主義は正当であるというマニフェスト・デスティニーを背景に、国民の戦意は盛り上がり、愛国主義が高まっていった。

米墨戦争では、アメリカ側が発明されたばかりの六連発のコルト拳銃など最新式の国産銃器を使用したのに対して、メキシコは一世代前のナポレオン戦争の頃の武器を使っていたため命中率が低かった。また、メキシコ軍には貧しい農民が急遽、徴兵されて兵士となったため、脱走兵があとをたたず、人数の上でも劣勢となった。

アメリカの圧勝後、現在のカリフォルニア、ネバダ、ユタの各州、さらにコロラド、ワイオミング、ニューメキシコ州の一部を手中に収めた。特にカリフォルニアを併合したことの意味は大きかった。カリフォルニアがアメリカ領となった頃、有力な金の鉱脈が次々と発見されてゴールド・ラッシュとなり、人々の西部開拓への関心は頂点に達した。

ワシントンには戦争記念碑が多くみられるが、米墨戦争の記念碑はない。一九世紀の戦争は、南北戦争以外、半ば「忘れられた戦争」となったのか、歴史の中に埋もれてしまったようだ。

南北戦争前夜、ヴァージニアへ土地返還——アレクサンドリアの奴隷市場

ジョージタウンの港からヴァージニア州アレクサンドリアの街へのアクセスは、定期的に出ているフェリーであれば約三〇分、今ではブルーラインあるいはイエローラインの地下鉄で二〇分ほど乗ればワシントン市内から難なく行ける。

奴隷市場があったアレクサンドリアの
広場（上）と旧市街

アレクサンドリアは、ワシントンの街をダイヤモンド型とみると、南の端に位置する。かつて船の移動が主であった頃、アレクサンドリア港は、ジョージタウン港と商業的に競いあい、奴隷市場で潤っていた。

アレクサンドリアの歴史のはじまり

は一七四九年とあり、ジョージタウンより二年古い。街の中心に位置する市役所があるマーケットスクエア（広場）にはかつて奴隷市場があった。一九世紀初め、首都で奴隷廃止が激しく議論されはじめると、アレクサンドリアでは首都からの離脱が議論されはじめた。ヴァージニア州はアレクサンドリアを含むポトマック川から以西の地域返還を求め、請願は六年間続けられた。名目上は、首都の市民であれば選挙権がないが、ヴァージニアに帰属すれば選挙権がある、民主主義国の市民の当然の権利として選挙権を得るためということだった。しかし、離脱の真の理由は、アレクサンドリアが奴隷市場を保持したかったからといわれる。

一八四六年、ポトマック川を境として西の地域、八〇キロ平方メートルがヴァージニア州へ返還された。首都のダイヤモンド型が、約三分の一近く、失われたことになる。返還を機に、アレクサンドリアの奴隷市場はますます盛んになり、一八六〇年になると、市内の黒人の数は五三〇〇人に達した。

アレクサンドリアの街には当時、アメリカで最大の奴隷業者、フランクリン・アームフィールドの事務所と奴隷牢があった（フリーダムハウス博物館）

アレクサンドリアの街には奴隷制をしのぶ建物があちこちにみられるが、その一つ、「フランクリン&アームフィールド奴隷事務所および奴隷牢」跡が残っている。一八三〇年代に、同社は米国で最大の「奴隷貿易会社」を営み、毎年一〇〇〇人の奴隷を売買していた。奴隷市場で黒人を買って牢に収容し、ミシシッピ州やルイジアナ州などの南の州へと輸送していたのである。奴隷貿易会社の営業は南北戦争が勃発した一八六一年まで続いたが、同年、北軍がアレクサンドリアを占領すると、奴隷牢は捕虜となった南軍兵士の収容所となった。

議事堂の像

一八五〇年、議事堂が「増築」された。首都としての威厳にふさわしい議事堂をということで、建物全体が大型化されたとともに、ドームも以前の三倍となった。

イタリア人のアーティスト、コンスタンチーノ・ブルミディが製作したドームのフレスコ画（天井画）には、ラテン語で「エ・プルリブス・ウヌム（E pluribus Unum、多数からなる一つ）」と書かれたリボンを持つ女神たちに囲まれたワシントンが神のように描かれている。

議事堂の頂上の像のデザインを依頼したのは当時、戦争大臣（現在の国防総省は一九四七年の組織改編までは戦争省、大臣は戦争大臣と呼ばれていた）であったジェファソン・デイビス（一八〇八―一八八九）である。「自由の像」の製作依頼を受けた彫刻家のトーマス・クロフォード（一八一四―

「自由の像」製作には白人主義の主張が影響した（左、写真提供／議会図書館）。議事堂内天井にも「多数からなる一つ」と書かれたリボンを持つ女神が描かれている

五七）は、当初、像の頭部に「自由の帽子」をデザインしたが、これがデイビスの怒りを買った。それはローマ時代に「解放された奴隷」を象徴していたのである。デイビスは南部のミシシッピ州出身で、南北戦争勃発後、南部連合の首都であるヴァージニア州リッチモンドで大統領に就任した白人至上主義者であった。

「自由の銅像」の頭部は、鷲と鳥の羽に修正され、インディアンの姿のようでもあり、ローマの女神のようでもある。アメリカを象徴する像から、奴隷制をイメージさせる要素は一切排除されたのである。

像の台座にも「多数からなる一つ」という言葉が刻印されている。これは「州が集まり一つの国家を成す」という意味とも、のちに多民族国家として「異なる民族からなる一つの国」とも解釈が可能な、多民族国家アメリカの国是を表している。

議事堂の最頂点の「自由の像」をドームの頂上に設置したのは、フィリップ・リードという黒人奴隷であった。イタリアで製作され、アメリカに船で送られた像を組み立てる最後の工程を任されたリードは、五つのパーツに分かれた各々一トンのパーツを一カ月かかって組み上げ完成させた。

黒人奴隷が自由の象徴である議事堂の建設に携わった、しかもそこでは奴隷たちの自由が否定されていた――この事実が明るみに出たのが二〇〇〇年、あるテレビ局がドキュメンタリー番組を制作するためにリサーチしたことがきっかけだった。「喜ばしい発見ではないものの、アメリカの歴史の一部として黒人奴隷たちが危険な作業に加わり、いかに首都建設に貢献してきたかを後世に語りついでいく必要がある」として、議事堂のビジターセンターには建設にたずさわった黒人奴隷たちを顕彰するプレートが設置された。

現在、議事堂のビジターセンターには、議事堂の頂上にある像、「自由の銅像」のレプリカ（複製）がある。自由の銅像は、六メートルもあるため、室内で見るとかなり大きく感じる。

南北戦争（一八六一―六五）

南北戦争をテーマにした記念碑はワシントンで少なくとも一八基はある。それだけでも、アメリカ人の歴史認識の中で、六二万人の戦死者を出した南北戦争が占める比重がいかに大きいかが読み取れる。

奴隷解放をめぐり南北の意見が衝突し、南北戦争勃発で連邦制を離脱した南部連合は一一州あった。最初にサウス・カロライナ州が一八六〇年一二月に離脱、続いてミシシッピ、アラバマ、ジョージア、ルイジアナ、テキサス、フロリダ州など「ディープ・サウス州」が加わり、翌年、テネシー、アーカンソー、ノース・カロライナ、ヴァージニアが加盟した。

ワシントンから南へ一〇〇マイル（約一六〇キロ）、ヴァージニア州リッチモンドは、南部一一州（南部連合）の首都としてジェファーソン・デイビスの「大統領官邸（ホワイトハウス）」が保存され、現在、南北戦争博物館の一部として一般公開されている。

南北戦争で大規模な戦闘が行われた戦場は五五カ所、小規模な戦場を入れると五〇〇〇カ所以上。激戦地の多くが首都を取り囲むように、ヴァージニア州、メリーランド州、そしてノースカロライナ州、ペンシルヴェニア州に広がっている。南北戦争では、「アイロンクラッド」と呼ばれた鋼鉄製の装甲艦が導入され、洋上でも激しい戦いが繰り広げられた。

メリーランド州とヴァージニア州を割譲して建設された首都ワシントンは地理的に「南部」であったと先に述べた。しかし、経済的発展からみると、メリーランド州は「北」である。工業化が進み奴隷制に賛同しなかったメリーランド州は北軍に加わり、ヴァージニア州から南が事実上の「南軍」である。

ただし、メリーランド州は独立戦争後、黒人奴隷を多数解放したものの、南北戦争が勃発したとき、州内には、黒人奴隷と自由黒人が半々で、北軍に共鳴する者と南軍に共鳴する者とに分裂していたという複雑な状況にあった。メリーランドはかろうじて北軍に留まったが、心情的には「南」との共存意識が強かったため、成人男性の五人に一人が南軍に志願していた。

南部連合の首都、リッチモンドに残されている「大統領官邸」

北軍として複雑な事情をかかえたメリーランド州と生粋の南部のヴァージニア州に囲まれた首都が南

部に攻略されることだけは避けなければならなかった。

そもそも南北の対立は単に「奴隷制度に対する南北の対立」という単純な構造ではなく、建国以来の南北の工業力の格差や経済政策の違いのほか、合衆国全体が西へと発展していく中での人口増加も大きく影響している。州が加わるごとに「南」につくか、「北」につくかでも常に南北は対立していたからだ。

当時、合衆国の人口は三〇〇〇万人で、北部が二一〇〇万人、南部が九〇〇万人。南は白人が六〇〇万人、黒人奴隷が三〇〇万人で、黒人が武器を持つことを禁じられていたため、最初から北軍有利であった。リンカン大統領は、最初は黒人を徴兵することに対して積極的ではなかったが、途中から方針を変え、黒人にも銃を持たせた。首都の防衛のために志願する者には、年金の増加を約束するなど優遇措置も適用した。さらに首都では奴隷制を廃止することを一八六二年四月に約束する。奴隷解放宣言を正式に行う八カ月前のことである。

リンカンは、戦争の目的をより「崇高なもの」にするために奴隷解放と連邦制の強化で「ひとつのアメリカ」を目指した。これは独立を目指していた南部連合にとって大打撃となる。黒人奴隷解放という大義名分を掲げることで、南部は「非人道的なレッテル」をいやおうなく貼られ、「連邦制を離脱する謀反者」としてあてにしていたヨーロッパからの物資援助も得られずに苦戦した。こうして内戦が長期化し、激戦がくりかえされるようになった南部は疲弊していった。南

リンカン大統領が奴隷解放宣言を起草したという山荘
（ソルジャーズ・ホーム内）

北戦争は四年にわたる戦闘で、北軍三六万人、南軍二六万人、計六二万人という膨大な犠牲者を出した。国民の二％が戦死したことになる。

多くの負傷者を出した南北戦争では、傷病兵のための病院、ソルジャーズ・ホームがホワイトハウスから北のペットワース地区の高台に建設された。リンカン大統領は首都を見下ろす高台が気に入り、街中の猛暑を避けるため、夏のあいだ、ソルジャーズ・ホームに隣接した山荘で過ごし、奴隷解放宣言を書いた。山荘は二〇〇八年から一般公開され、リンカン大統領が使った机の複製をみることができる。

ファラガット公園に建つファラガット海軍提督の像

「英雄視」される北軍の軍人たち

大規模な戦争が終わると、復興に向けてめざましい経済発展がみられるのが歴史の〝法則〟である。南北戦争終結後、工業化の黎明期とも重なり、アメリカはめざましい発展をとげていった。

南北戦争終結後、南部を監視していた北軍が南部から撤退する一八七七年までの期間を復興期「リコンストラクション」と呼ぶ。その頃、ワシントンは第一次「記念碑ブーム」を迎え、公園や大きな通りが交わるサークルの緑地には、馬に乗る将軍たちの銅像が次々に現れた。珍しく馬に乗っていないのは、ダウンタウンのファラガット広場にある海軍提督、デイヴィッド・ファラガット像だ。将軍たちの像のほとんどは「大砲のリサイクル」である。つまり、南北戦争後に不要となった大砲の青銅を溶解して製作されたという。

議事堂前のグラント将軍像（右）と騎兵隊の像

ひときわ大きいのは議事堂前のグラント将軍像である。冷静沈着で知られた北軍の将軍ユリシーズ・S・グラント（一八二二―八五）が愛馬に乗る像の両脇には、戦闘模様を描写した砲兵部隊と騎兵隊の像がある。そこで表現されているのは、「戦争ヒーローの栄光」というより、激しい戦闘場面である。一般兵士たちを写実的な群像で描くことで、製作者は戦争の悲惨な現実を描こうとしたようだ。

南北戦争が終わったことで、次々にワシントンの街角に現れた将軍たちの像はなにを表しているのだろうか。

歴史家のカート・ピーラーは、著書『アメリカは戦争をこう記憶する』で、「一九世紀から二〇世紀初頭のアメリカのエリートが、南北戦争を回顧することによって、彼らはそれがもたらした分裂を癒そうとした」と述べている。そしてそれは失われた白人男性のプライドをとり戻そうということでもあった。

では、南北戦争の原因とされた黒人奴隷の像はどこにあるのだろうか。

リンカンにひざまずく黒人像と活動家ダグラス

ワシントンで最初に建てられた奴隷解放記念碑は、議事堂から東へ約一〇ブロック、人通りもまばらな住宅街のリンカン公園にある。

一八七六年に建立された像は、いかにも時代性を象徴している。裸の黒人がひざまずき、立っているリンカンが片手を黒人の頭の上に置く姿は、まさに優位に立つ白人が黒人に情けをかけている構図で、何世代も苦渋の生活を余儀なくされてきた黒人から見れば、屈辱の歴史を象徴する像であった。多くの黒人たちは、奴隷から解放されたあとも、白人に服従しなければならない「劣った存在」として描かれたことに憤りを感じていた。

南北戦争が終結すると、解放された黒人たちが北へ大移動するとともに、早くも白人至上主義が台頭してきていたのである。黒人たちは、いわば無法地帯に放たれた形になった。

そのような中、一九世紀の黒人奴隷解放運動で、フレデリック・ダグラス（推定一八一八―一八九五）が果たした影響は大きい。

メリーランド州のプランテーションの奴隷として生まれたダグラスは、心ある白人の所有者に読み書きを教えてもらったが、何度も脱走を試みた結果、自由黒人の船乗りの手助けで水兵の制服を着て汽車に乗り、北部へ逃げることに成功した。

奴隷解放に賛同する人が多く住むマサチューセッツ州のニューベッドフォードにやってきたとき、集会で奴隷としての経験を話してほしいと頼まれたことがきっかけとなり、ダグラスはその生涯を奴隷解放の活動家として送ることになる。ダグラスはイギリスに二年間逃れ、資金をためてアメリカに戻り、ボルティモアの元の所有者に大金を払うことで正式に自身の自由を勝ち取った。奴隷が自分の自由を勝ち取ることを「マニュミッション」と呼ぶが、その手続きは州によっても異なった。ダグラスはその後、ニューヨークで『北極星（ノース・スター）』という新聞を創刊。やがて首都ワシントンに移り住んだ。

解放されたはずの黒人であったが……、奴隷解放記念碑（リンカン公園）

ダグラスは、奴隷解放記念碑の除幕式のスピーチで人種問題に対して無関心であってはいけないと語り、「リンカン大統領は、白人の大統領として白人に特有な黒人への偏見をもっている。白人たちの権利を守るためであれば、有色人種の権利を否定し、できれば奴隷解放を引き延ばそうとした」と、リンカンを辛らつに批判した。

「奴隷制度廃止が最終目的であったのではなく、これがはじまりである」

フレデリック・ダグラス（国立アフリカン・アメリカン博物館展示から）。ダグラスが晩年を過ごした家

ダグラスはそう述べた。

ダグラスが晩年に暮らした家は、ワシントンの議事堂を見下ろす丘の上、風光明媚なシーダーヒルに保存され、一般公開されている。この地区は、初の「黒人の大統領」が誕生した二一世紀になっても、黒人が集中して居住するＳＥ（南東）区にあるため、白人の姿はまばらである。

年金ビル（現国立建築博物館）の壮大さ

アメリカがめざましい復興を遂げたリコンストラクションの時代を代表する建築物として、Ｆ

ストリートにある「年金ビル」がある。現在はナショナル・ビルディング博物館の呼称で、建築デザインと都市計画に関する博物館となっている。

建設当時、「年金ビル」と呼ばれたのは、南北戦争の傷病兵のために建設されたからだ。北軍だけでも二八万人という負傷兵を出した南北戦争の後、それまでとはケタ違いの年金額が議会で承認され、支給事務を担当するスタッフ一五〇〇人が働けるビルが必要となった。このため、スケールの大きなビルが建てられたのだ。

年金ビルは当時の国力の表れでもある

アーリントン墓地の建設を提案し、南北戦争後、政府関連建設物の主計総監を務めたモンゴメリー・メイグズ(一八一六―九二)の功績に、五年間かけて完成させた「年金ビル」(ペンションビル)がある。年金ビルは建物自体が記念碑のように壮麗だ。

アテネのパルテノン宮殿とローマの一六世紀のファーネーゼ宮殿をモデルとするこの建物は、一本の柱が高さ

年金ビルの連作壁画の全長は 365 メートルもある

二三メートル、直径は二・四メートル。ビルの外壁には南北戦争の戦場場面が描かれた連作壁画が配置され、一三〇〇もの人物像が三六五メートルの列になって描かれている。建設には一五〇万個の赤レンガを要したという、当時としては型破りの大型プロジェクトであった。高層ビルにすっかりなれてしまった現代人でもこの規模には圧倒される。

年金ビルは、現在、オフィスと博物館となっており、五階分が吹き抜けとなっている一階ホールの中庭では、四年ごとに大統領就任の舞踏会が催されている。

ワシントン記念塔の完成

初代大統領、ワシントンを讃える塔、ワシントン記念塔の礎石が置かれたのは、南北戦争勃発以前、一八四八年七月四日であった。

塔の建設がはじめられた頃は巨額の寄付金が集まり着々と工事が進んでいたが、建設途中で資金不足となり三分の一あたりで工事が中断。南北戦争をはさみ工事が再開されたのは実に一八年後のことであった。
南北戦争のさなか、塔のまわりの草地は軍隊の教練場になり、家畜が草を食む場所になってい
た。マーク・トウェインは、未完成の塔をさして「まるで上部が壊れてしまった工場の煙突のよ
うだ」と嘆いた。ヨーロッパ風の古典的なデザインと、アメリカ的なシンプルな塔を求める人々
とのあいだで意見が分かれ、侃々諤々の議論が続いた。さらに費用や土台の安定度などをめぐっ

基礎工事から完成まで 37 年かかった
ワシントン記念塔

て議論を重ねた議会は、一八七六年、ようやく連邦政府からの資金拠出を決めた。

ワシントン記念塔は下から三分の一で工事が中断された状態で四半世紀以上のあいだ放置されていたことになる。近距離から見上げると、塔の下から四六メートル付近までと、上部の約三分の二は違う色になっている。南北戦争前に使用されていた石が、工事再開後に入手不可能に

なったため、別の石が使用されたためだ。なお、ワシントン記念塔には、ペリー艦隊が日本から寄贈されて下田から持ち帰った花崗岩も使われている。

ワシントン記念塔の落成式は一八八五年二月二一日、基礎工事がはじまってから実に三七年後のことであった。

古代エジプトのオベリスクを模したワシントン記念塔は、高さ五五五フィート（一六九メートル）、重量が九万一〇〇〇トン。一八八九年にパリのエッフェル塔が完成するまでは世界で一番高い建造物であった。八九七段ある階段を上るのは容易ではないが、現在は最上階の展望台までエレベーターで七〇秒しかかからない。

南軍のリー将軍の庭がアーリントン墓地に

モールの西の端にあるリンカン記念堂からさらに西へ、ポトマック川にかかる長い橋、アーリントンメモリアル橋を渡ると、ヴァージニア州のアーリントン墓地にたどり着く。このあたりはワシントンではないが、もともとは首都の「ダイヤモンド型」の一部であったことは前述のとおり。橋を渡るだけでヴァージニア州で、アーリントンは事実上、首都の広域圏である。

戦争のたびに拡張されているアーリントン墓地はアメリカの戦争史の縮図ともいえる。小高い丘の上の屋敷は、一九世紀初めに初代大統領ジョージ・ワシントンの息子（養子）が建てた家だ。

アーリントン墓地は北軍がリー将軍へのいやがらせのために
将軍の邸宅の庭に戦死者を埋葬したのがはじまり

広大なプランテーションを相続したのは、ワシントンの曾孫にあたる女性で、その結婚相手は南北戦争で南軍を率いたロバート・E・リー将軍（一八〇七―七〇）であった。やがて丘の屋敷は「リー将軍の屋敷」として知られるようになる。

リー将軍の家から見おろすワシントンの姿はすがすがしい。遠くにワシントン記念塔をはじめ、首都の主要部を見下ろすことができる。なぜ、将軍の庭が墓地になったのか、そのはじまりは南北戦争にさかのぼる。

リンカンはリー将軍に対し、連邦軍である北軍を率いてもらいたいと要請した。しかし、リー将軍が要請を断ったため、戦局が北軍に有利になってくると、屋敷は北軍に没収されてしまった。北軍は南軍側についたリー将軍へのいやがらせとして、屋敷の庭に次々に戦死者を埋葬していった。これがアーリ

リー将軍（リー将軍邸展示から）と邸宅

ントン墓地のはじまりである。南軍側についたリー将軍一家が帰還しにくくすることが目的である。墓石は次々と増えていき、南北戦争が終わる頃は一万六〇〇〇基ほどになった。

アーリントン墓地でひときわ目立つ記念碑は、南部連合の記念碑だ。一〇メートル近くある南部連合記念碑は、一九〇〇年に南軍兵士の埋葬が正式にアーリントン墓地で認められたことを受けて一九一四年に建立され、南部と北部の和解の象徴となった。ただし、この記念碑が建立されるまでの経緯は複雑で、南部連合を象徴する記念碑は南北戦争後に続いた白人至上主義者たちと結びつき、今日に至るまでなにかと物議をかもしている。

やがてアーリントン墓地は、南北戦争だけでなく、アメリカが行うすべての戦争の戦没者のため、恒久的な共同墓地に発展していった。

IV

金ぴか時代から第一次世界大戦へ

1920年代のリンカン記念堂前の沼地（ワシントン記念塔内の展示写真から）

フロンティアの消滅

Fストリートにある「ナショナル・ポートレート・ギャラリー」には、「アメリカン・オリジンズ」というセクションがある。主に、アメリカ建国初期の歴史に残る有名、無名の肖像画のコレクションだ。その中に、インディアンの生活を絵画によって初めて記録したという「インディアン・ギャラリー」の連作には、フロンティア（辺境）の消滅寸前の頃に描かれたインディアンたちの姿を見ることができる。

画家ジョージ・カトリン（一七九六―一八七二）は、インディアンたちと生活を共にし、その姿を絵に描写することに専心していた。東部の都市に残した白人の家族と、西部での先住民女性とのあいだの二つの家族があったというカトリンは、アメリカが西へ、西へと開拓され、完全に「先住民たちの西部が失われる」前に彼らの生活を記録しておきたいという願いから、インディアンたちの肖像画も多く残している。

カトリンが西部へ初めて旅行した一八三〇年、アメリカ議会は「インディアン移住法」を可決し、すでに大陸の南東に追い込まれていたインディアンたちの西部への大規模な強制移住がはじまった（八一ページ参照）。そして一八四〇年頃から激化した先住民との戦いは一八八〇年ごろには終結したとされ、一八九〇年、国勢調査局は正式に「フロンティアの消滅」を発表した。

上：インディアンの肖像画／下：カトリンの自画像（ナショナル・ポートレート・ギャラリーの展示から）

六年にわたり、五〇の先住民部族を訪れたというカトリンは、まだ米軍の討伐を受ける以前、自然と共生していた先住民の姿を描き、六〇〇〇点以上の作品を残した。作品の展示会は、アメリカ東部の都市だけでなく、ロンドンやパリなどでも展示し、インディアンたちへの理解を得ようと各地で講演会も開催した。

しかし、経済的な困窮に陥ったカトリンは、インディアンによるダンスや駅馬車を襲撃する「悪いイン

典型的なワイルド・ウェスト・ショーの場面（写真提供／議会図書館）

ディアン」を討伐する騎兵隊を描いた「ワイルド・ウェスト・ショー」の興行でスケッチ旅行の資金を稼いだが、「インディアンを売り物にした」とも批判された。結局、資金難のために、カトリンはコレクションの大部分を売却することになるが、初代スミソニアン博物館の館長が買い戻したことで、現在、彼の作品はインディアン・ギャラリーに収蔵され、後世の人々にインディアンの文化を伝えている。

ちなみに、カトリンがはじめた「ワイルド・ウェスト・ショー」は、西部劇映画に登場したり、先住民たちが踊りで集う行事「パウ・ワウ」文化へとつながり、今日に至っている。

移民急増と領土拡張

一九世紀半ばから「アメリカの顔」は変わろ

うとしていた。

アメリカが西部へと拡張していった一八四〇年代から五〇年代にかけて、新たな移民が大量にやってきたのである。

新しい移民たちは、カトリック系のアイルランド人とドイツ人たちであった。アイルランドの飢饉から逃れようと、貧しいアイルランド移民が約三〇〇万人やってきた。当時、アイルランドの総人口の一割を超える人々が新大陸へ流入したのである。早くからいたプロテスタント系アメリカ人は、カトリック教徒のアイルランド系移民を忌み嫌った。ときには黒人より安い賃金で働かされ、どんなにきつい仕事も請け負うアイルランド人たちは、「一九世紀の黒人」とも呼ばれた。

ドイツからも革命運動による国内の混乱で次々に移民がやってきた。ドイツ人たちは、教育水準は高かったもののやはり貧しかった。アイルランド人と違い、母語がドイツ語であったことから東海岸側の都市で職をみつけることは難しく、開拓中の内陸へと移住していった。

プロテスタント系とカトリック系の対立に収拾がつかないうちに、アメリカにはさらに新しい移民たちが大量にやってきた。東欧、南欧からだけでなく、鉄道建設の労働力として中国から移民が次々とアメリカにやってきたのである。

一方、アメリカの領土は一九世紀半ばから着々と拡大し、一八四六年、オレゴンが併合され、最後の北のフロンティアと呼ばれたアラスカは一八六七年にロシアから購入した。同年にはミッドウェー領がアメリカ初の海外領土として、アメリカ合衆国政府により一方的に宣言され、ハワイも約六年の内乱ののち、アメリカ軍によってハワイ王朝が滅ぼされ、一八八九年にアメリカ自治領となった。基本的に自治領は内政に関しては独立しているものの、その他はアメリカの支配下にある（なお、アラスカとハワイは一九五九年に州に昇格）。

一八世紀半ばから三〇年あまり、移民はイギリス、ウェールズ、アイルランドとドイツ、スカンジナビア諸国からがほとんどであったが、一九世紀末から第一次世界大戦勃発までは、東欧からの移民たち、ポーランド、ロシア系ユダヤ人、ウクライナ人、スロヴァキア人、クロアチア人、スロヴェニア人、ハンガリー人、ギリシャ人、ルーマニア人、イタリア人などが多く新大陸にやってきた。

これを累計すると、南北戦争終結後から第一次世界大戦がはじまった頃までの半世紀で、ざっと二五〇〇万人もの移民がアメリカにやってきたことになる。サービス産業も栄え、あちこちで新しい産業が芽生えていった。

しかし、一方で急激な人口増加にみあった住宅、雇用、食料などは常に不足した。単純労働に従事する移民たちが都市に集中して住み着き、都市のスラム化も社会問題となった。反移民感情が強まり、人種によって優秀さが異なるという優生学研究がまじめに研究されるようになる。

あらたにやってきた移民たちは、新大陸で一攫千金、アメリカ人となって成功物語を夢見る一方、もとからいたアメリカ人は移民たちに脅威を感じ、排外主義が高まっていったのだった。

さらに、「フロンティアの消滅」で、これ以上、北アメリカ大陸で領土を拡張することは困難になったため、「後進的な熱帯文明」への侵攻へと向かった。

こうしてアメリカは、一九世紀末から第一世界大戦までにフィリピン、グアム、プエルトリコ、ハワイ、キューバ、ハイチ、ドミニカ共和国、バージン諸島など、南太平洋やカリブ海の地域を次々に占領し、統治領として自らの版図に収めていった。

さまざまな顔を持つ移民たちが急増する中、「アメリカ人とは誰か?」――この問いかけに、いよいよアメリカを体現する首都の整備に拍車がかけられるようになってゆく。

近代化で変貌する首都

南北戦争直後のワシントン市街はすっかり荒廃していた。

議事堂前の河川は、「グレート・ディッチ（巨大などぶ）」と呼ばれるほど汚染され、都市としてのワシントンの評判は最悪であった。交通の便も悪く、どこへ行くのも不便で遠い。

一八七一年、街を刷新するためのインフラ整備が着手され、ワシントンの再開発がはじまる。下水道が整備され、道路や歩道が次々に舗装され、政府関連のビルが八〇棟、新たに建設された。

ワシントン近代化の父、シェパード像（市内）と名誉回復されたシェパードの墓（ロッククリーク墓地）

公共事業が一挙に増やされると、雇用が安定している連邦政府の仕事に人気が集まるようになった。

ワシントンを近代化した立役者は、アレクサンダー・シェパード（一八三五―一九〇二）だ。シェパードは、一三歳で学校を中退し、配管工助手として働き、自分の会社を経営するまでになった、いわゆる「成りあがり者」であった。この頃、各都市には「ボス」と呼ばれる地元を仕切る権力者がいたが、都市開発を行うことは賄賂もからみ、強引な人物が求められたのであろう。

のちにワシントン知事（現在の名称は市長）となったシェパードは、街に六〇〇〇〇本の木を植え、街灯を設置した。一〇〇〇軒以上の住宅やビルを建て、市で初めての馬車による公共交通機関も開通させた。

しかし、街の再開発には最初の見積もりを大幅に上回る経費がかかり、シェパードは収賄や不適切な委託工事の責任を問われ、知事を辞任。その後、数年間ワシントンで不動産会社を経営していたがあえなく倒産、メキシコに家族を連れて移住し、かの地で没した。

後年、シェパードは「ワシントン近代化の父」として名誉回復を果たし、豪勢な霊廟に埋葬しなおされた。霊廟はかつてリンカンが大統領時代に夏を過ごしたという館に隣接するペットワースのロッククリーク墓地にある。シェパードの墓は一世を風靡した権力者の象徴でもある。なお、何度も設置場所が変わったシェパードの銅像は、二〇〇五年、最初に置かれたペンシルヴェニア通りと14ストリートの交差点、ワシントン市長のオフィスビルの前に戻された。

ランファンの名誉回復――マクミラン委員会と「ワシントン美化政策」

二〇世紀に入り、ワシントンの都市を再生しようという動きが議会で強まった。ミシガン州の上院議員、ジェームズ・マクミラン（一八三八―一九〇二）を委員長に、ワシントンの再開発のための「マクミラン委員会」が組織されたのは一九〇一年のことであった。マクミラン議員は、「首都としてふさわしい都市計画」を進めるため、一八世紀のランファン計画を甦らせることに尽力した。

この頃、アメリカの総人口は七六〇〇万人となり、首都ワシントンの人口も二七万八〇〇〇人となった。急激な人口増加で街はスラム化し、再び、大規模な都市計画が急務となったのである。

一八世紀に描かれたランファンの原案には、大国アメリカにふさわしい首都の骨組みがすべて描かれていた。大統領官邸から東の議事堂、ワシントン記念塔、その延長線上の西側には大型の記念碑が想定されていた。ランファンが草案した「グラン・アヴェニュー」である緑地帯（モール）は、広々とした緑地帯を保ちながら、首都にふさわしい記念碑を設置するには絶好の場所であった。

マクミラン委員会は、一七九一年にランファンが夢想したパリ・ロンドン・ローマに匹敵するような大国の首都にふさわしい建築を、ランファン案のモール計画に沿って完成させることにした。

ランファン自身は、首都建設を計画中にワシントン大統領により突然、解任され、約束された報酬も得られず、晩年は貧困生活を送り、失意のうちに亡くなった。

一九〇九年四月、死後八〇年以上を経て、ランファンの墓が掘り起こされた。わずか二本の遺骨と歯が一本みつかっただけだったが、アーリントン墓地へ移送されることになった。ランファンの遺骨は、「首都建設計画の産みの親」としてメリーランド州からワシントンの議事堂にしばらく安置され、ペンシルヴェニア通りを通ってアーリントン墓地へ向かった。まるで歴代の大統領が亡くなったときのような〝国葬〟級の扱いであった。

アーリントン墓地に移転されたランファンの墓

ランファンの墓は、アーリントン墓地で、ワシントンの街を見下ろす眺めの良い場所に移転された。無一文で死んだランファンはようやく名誉を回復されたのである。

金ぴか時代の到来

一八六九年五月、アメリカ初の大陸横断鉄道が完成し、中西部への移動と大量輸送が容易となった。イギリスの産業革命がアメリカにも波及してきたことで、南北戦争後のアメリカはめざましい繁栄をとげた。莫大な富を蓄積する大富豪が出現したのもこの頃だ。アメリカの急激な経済成長で「成金」となった人々が跋扈する華美な時代、ギルディッド・エイジ（金ぴかの時代）は、ワシントンの姿も変えていった。

大規模な農場経営、石油業、電信電話業、炭鉱などで一発あてた「成金」たちは、東海岸に住むアメリカ人にとっては辺境の地――オハイオ州、デンバー州、モンタナ州などの中西部からやってきた。奥地にいるだけでは飽き足らなくなった成金たちは、首都を目指すようになったのである。

成金たちは、首都で政権中枢にある者たちと交流できる特権を充分に利用するようになった。「将来、NWの不動産の価格が高騰する」というインサイダー情報を得ては不動産事業で儲け、政治家への献金を盛んに行った者は米国大使として外国へ派遣され、その娘たちは首都で得たコネクションで名家へ嫁いだ。

成金たちは、首都でコネクションを広げるため、大型の住宅を建設しはじめた。ホワイトハウスから西のフォギー・ボトムに次々と大邸宅が建てられた。さらに街の中心から北に伸びていくマサチューセッツ通りをはじめとする北西NW区にも豪邸が増えていった。マサチューセッツ通りに並ぶかつての邸宅は、多くが外国の大使館となり、今日にいたっている。

金ぴか時代は長く続かなかったが、その末期の名残が感じられる邸宅に、NW地区の住宅街にあるヒルウッド博物館がある。

館の女主人、マージョリー・メリーウェザー・ポスト（一八八七―一九七三）は、父親が創業した食品会社の跡を継ぎ、莫大な資産を一人で相続した。一時は「米国で最も資産の多い女性

金ぴか時代に財を成したポストの館（現ヒルウッド博物館）

億万長者」といわれた。

生涯にわたって四回の結婚を繰り返したポストは、全国に何軒も豪邸を所有していたが、自分の死後、およそ四〇の部屋があるワシントンの邸宅を博物館にすることを遺言した。三番目の夫がロシア大使に任命されたときに収集した帝政ロシア時代のファーバージェ（卵の形をした宝飾品）のコレクションをはじめ、一万七〇〇〇点におよぶ美術品なども博物館を運営する財団に託した。内装は、ポストが使用していたフランス風家具や調度品であふれ、友人たちと映画上映に興じた映写室も当時の状態で残されている。財団によって整備されている広大な庭園には日本庭園もあり、ポストが飼ったペットたちの墓地もある。

ヒルウッド博物館は、アメリカで成功した億万長者として、あるいは「慈善事業家（フィランソロピスト)」として生きた人物の豪邸とはまさにこういう邸宅を指すのである、ということを示している。

なお、フロリダ州の「マール・ア・ラーゴ」は、ポストが建てた別荘で、もとは一二六部屋あった。ポストの死後、その遺言により一時的に政府管轄下に置かれたが、巨額の維持費がかかりすぎたために売りに出され、一九八五年にドナルド・トランプが買いたたいてゴルフ・リゾートホテルに改装したものだ。ポストは生前、所有する別荘が「アメリカ外交の場」となることを望んでいたとはいえ、トランプ大統領の「第二の非公式ホワイトハウス」として使われることになるとは想像もしていなかったであろう。

米西戦争で海洋国家へ変貌

イーストポトマック公園のオハイオ通りのかたすみに、デザインが地味な大理石の壺がある。米西戦争(一八九八年四〜八月)は「スペインからキューバを解放した」という意味で、「キューバとの友情の壺」と呼ばれる。

アメリカ市民の保護を名目にハバナ湾に送られた艦隊の旗艦メイン号は、突然、爆発して、乗組員の三分の一にあたる二六〇人が死亡した。新聞は一斉に「アメリカ人に対する卑劣な破壊行為」として書きたて、爆発の原因はスペインが仕掛けた魚雷によるとされた。南北戦争終結後、分断されたままであったアメリカの世論はスペインという「共通の敵」をみつけ、一挙に反撃手段をとるべきと盛り上がった（のちに行われた調査で、メイン号の沈没は事故であったという説が有力である）。

アメリカは「キューバをスペインから解放する」という大義名分を掲げ、スペインとの戦争に突入、国際政治の表舞台に登場した。「リメンバー・ザ・メイン」は、当時のアメリカの人々のスローガンとなった。

一八九九年、キューバに埋葬されていたメイン号の乗組員の遺骨の一部が掘り起こされ、アーリントン墓地に再埋葬された。これが海外で戦死した兵士たちがアーリントン墓地に埋葬された最初のケースである。一九一五年にメイン号のマストがアーリントン墓地の中腹付近に記念碑として返還され、死亡した二六〇人の乗組員の名前が記された。

スペインから「解放された」
キューバとの友情の壺

一九世紀から二〇世紀へ、アメリカは徐々に海洋国家へと変貌していった。西部が開拓しつくされた一九世紀終わりごろから、アメ

沈没したメイン号のマスト
（アーリントン墓地）

リカはさらなる発展を求めて海外領土の獲得を目指すようになった。

米西戦争当時、海軍次官補でのちに第二六代大統領となるセオドア・ルーズベルト（一八五八―一九一九〈任期一九〇一―〇九〉）は強固な帝国主義者であった。彼は米西戦争の勃発後、直ちに太平洋の艦隊をスペインの植民地であるフィリピンに艦隊を送り、マニラを占領させた。ニューヨークの裕福な家庭に生まれ、幼い頃、虚弱体質であったルーズベルトは、生涯にわたって「強い男」を演じることで子どものころのコンプレックスを払拭しようとしたともいわれる。

海軍の強化に力を入れたルーズベルトは、その後、一九〇七年から〇九年にかけて、白く塗装した一六の戦艦からなる「グレート・ホワイト艦隊」を、一四カ月かけて世界中の海に派遣した。ルーズベルトには、自国の沿岸や河川など限られた海域だけではなく、イギリスやドイツと対抗できる規模の海軍力を持つ、世界の海を制覇できる大国となったことを誇示するという意図があった。グレート・ホワイト艦隊の派遣は当時としては最大級の航海であった。米西戦争以後、アメリカ海軍の戦艦は、一五年間で一一隻から三六隻に増強された。アメリカ海軍はこの時期、海外基地を整備し、ハワイのパールハーバーにも基地を建設した。

アジアで戦った初めての戦争――米比戦争

米西戦争は、わずか一〇週間の短い戦争であったため、「素晴らしく小さな戦争」と呼ばれた。勝利気分に沸いた分、ほどなく勃発した米比戦争（一八九九―一九〇二）は、アメリカ人にとっては予想外であった。米比戦争は、アメリカが初めてアジア人と戦った戦争である。フィリピン人にとっては独立を目指してスペインとアメリカと戦ったひとつながりの戦争として認識されているが、アメリカ側は「タガログ蜂起」あるいは「フィリピンの反逆」と捉えており、歴史認識にずれがある。

というのもアメリカは、米西戦争でスペインの植民地であったキューバを解放する一方、パリの講和条約では二〇万ドルという破格の価格でフィリピンを購入して、フィリピン人の怒りを買った。その三五年前にロシアからアラスカを購入した価格が七二〇万ドルであったというから、いかにフィリピンが安く買われたかがうかがえる。フィリピン人の抵抗に遭ったアメリカはフィリピンに侵攻し、「アメリカ領保護」の名目でフィリピン人の抵抗勢力と戦うことになった。

アメリカの覇権に抵抗し、再び植民地となることを拒んだフィリピンに、アメリカはてこずった。予想に反して長期戦となった戦いで亡くなったアメリカ兵の死者は四〇〇〇人を超え、負傷者も三〇〇〇人近かった。一方、フィリピン側の死傷者は兵士が約二万人、民間人は二〇万人にものぼった。この死傷者数の落差は、アメリカ軍がいかに容赦のない攻め方でフィリピンを制圧したかを物語っている。

アメリカ軍が苦戦した理由に、ジャングルの土地を知りぬいたフィリピン人の巧妙なゲリラ戦術があった。イギリスやスペインなどの西欧諸国との戦争とは異なり、予測しがたいフィリピン人との戦いは、しばしば先住民の戦いと比較された。

余談だが、同時多発後の「テロとの戦い」で問題となったウォーター・ボーディング（横たわった囚人の顔に布を乗せて水をかけつづけることによって窒息死する錯覚に陥らせ、白状させようとする拷問方法）は、中世の異端審問でスペインが使った拷問の一種といわれ、アメリカがスペインの植民地から受け継いだものとされる。負の歴史ながら、思わぬところにも歴史の継続性が感じられる。

黒人への差別──「ジム・クロー法」

南北戦争後、黒人たちは解放されたが、奴隷を支配することに慣れ、黒人に敵意を持つ白人社会の無秩序状態に放たれたようなものであった。そして、黒人たちを待っていたのは黒人の権利を制限するための一連の差別法である。特に、黒人たちに制約を加えることに熱心であった南部の州は、憲法で肌の色による差別が禁止されていたため、州レベルで次々に細かい法律を導入していった。

南部の州では解放された黒人たちを白人社会から隔離するために、通称「ジム・クロー法」を次々に導入していった。「ジム・クロー」とは、ある白人の漫談師が顔を黒くして黒人を模しておどけてみせるという寸劇（ミンストレル）の中の歌に登場する黒人の名前から取ったもので、差別的な法律の総称となった。

たとえば、ミシシッピー州は一八七六年、「豚法」を導入。黒人が豚を盗んだ場合、五年の禁固刑という厳しい刑を課した。このように微罪であっても犯した黒人に対して厳刑が課されたために、刑務所はすぐに満杯となった。そこで刑務所側は、黒人の囚人たちを民間経営者たちに「リース」して、鉄道建設や森林の伐採現場で使役するようになった。自由になったはずが、これでは奴隷時代とあまり変わらない扱いである。

黒人を揶揄した典型的な寸劇「ジム・クロー」（国立アフリカン・アメリカン博物館展示から）

テネシー州は一八八一年に、ホテル、鉄道、レストランや娯楽施設で黒人と白人の別々の場を設ける法を可決した。フロリダ州、ミシシッピー州、テキサス州なども同様の法律を導入した。一九世紀末までに、南部一一州は白人と黒人の結婚を禁止し、黒人の参政権を制限するために、選挙資格には人頭税や読み書きテストが導入され、祖父が選挙権を持っていた者のみに選挙権が与えられるという「祖父条項」も盛り込まれた。解放されたばかりの黒人たちが読み書きができ、祖父にも選挙権があったなどというケースはまれで、黒人の選挙権に制限を設けることが明白な目的であった。

その背景には「黒人と白人は、同等だが別々に生きるべき」で、黒人を差別することで白人の権利が守られるという考えが根底にあり、南北戦争後の黒人の社会進出を阻もうとする意図があった。

白人至上主義は階層を越えて支持され、南北戦争以前よりも、黒人への暴力が増え、黒人差別は強化された。人権団体の「平等な法イニシアティブ」(ＥＪＩ)によると、一八七七年から一九五〇年までにリンチで殺害された黒人は四〇〇〇人を超えると推定されている。

白人による黒人差別には、さまざまな動機があったと思われる。解放された黒人の中から優秀な人材が出てきて白人社会を脅かすかもしれない、あるいは黒人たちの安い労働力で自分たちの職が奪われるかもしれない、という白人の中産階級と低所得者層の不安、静かで安全であった白人居住区が黒人によって脅かされるかもしれないという恐怖などだ。「優秀な黒人」も「怠惰な黒人」も、どちらも白人たちにとって不安の材料となるのである。

一方、自由を得たとはいえ、南部の農村部で暮らす黒人たちの生活は厳しかった。黒人への差別や暴力が激しくなり、同じ仕事をしても白人の日当の三分の一が支払われれば良いほうであった。それに反して北部の都市部は、たとえ最低の仕事でも黒人にとっては生きる糧をみつけやすい場所で、南部よりましな暮らしが望めた。そこで黒人たちは南部の農村部を離れて北部の都市をめざした。

北部に移住した黒人は一九一〇年代から半世紀のあいだに六〇〇万人以上いたとされる。しかし、北部とて大量の黒人が移動してくることを歓迎したわけではなかった。それどころか、白人至上主義は北部にも広がり、黒人たちはさまざまな形の人種差別を経験することになる。そして人種隔離政策（セグレゲーション）は、事実上、一九六〇年代の公民権運動まで続くことになる。

ルーズベルトと〝自然公園ナショナリズム〟

ジョージタウンとヴァージニア州のアーリントンのあいだに流れるポトマック川の中州には、広大なルーズベルト島がある。ルーズベルト島の入口はアーリントン側にある。入口がヴァージニア州側にあっても、島自体はワシントンの一部であるルーズベルト島は、自然を愛したセオド

右：T・ルーズベルトは国立公園局を作り、自然保護を国策とした
左：パーク・レンジャーは建物や公園を説明する観光ガイドでもある

ア・ルーズベルト大統領の名を冠するにふさわしい広大な森が広がっている。森の中にはルーズベルトの記念碑がある。高さは五メートル以上あり、威圧的である。この島では車の通行が禁止されており、入口脇の駐車場に止めなければならない。

自然保護を国の使命として掲げたルーズベルトの業績の一つに、自然保護のために内務省の下部機関、「国立公園局」（ナショナル・パーク・サービス）の前身組織、合衆国森林局創設がある。かつて「強い政府」を大統領選でキャッチフレーズとして掲げたルーズベルトは「美しいアメリカの自然」を強調することで、アメリカ人としての「ナショナリズム（愛国心）」を鼓舞しようとした。

ルーズベルトは自然公園のほか、鳥類保護地区、森林保護地区などを国立公園局の管轄下に置いた。人口の増加や開拓による自然破壊から保護するため

リンカン記念堂

に、総面積で九三万平方キロメートルもの土地を保護することになった。設立一〇〇周年を迎え、国立公園局は、自然公園など土地の管理だけでなく、記念碑、戦場跡、墓地、歴史的建造物の保存など、多岐にわたって保護活動を展開している。現在、国立公園局は約二万人の職員を抱える巨大官庁となり、「パーク・レンジャー」のユニフォームを着た職員は、訪問者向けに歴史的建造物のガイドも行っている。

リンカン記念碑

ワシントン記念塔の西に、リンカン大統領の記念碑を作るという案は、リンカン暗殺の二年後には持ち上がっていた。しかし、着工するにまでに半世紀以上の年月がかかったのは、それなりに理由があった。北部の州にとって、リンカンはアメリカが二つに分裂するという危機から救ったヒーロー的存在で

奴隷解放というよりは南北和解の象徴となったリンカン記念碑

あったものの、南部の州からみると奴隷解放を宣言し、南部を荒廃させた憎むべき存在だ。リンカンを顕彰することに対しては、南部の抵抗でなかなか実現しなかったのである。

着工から八年後の一九二二年五月三〇日、メモリアル・デイ（戦争記念日）のこの日、七万五〇〇〇人がリンカン記念碑の除幕式に集まった。五月といえワシントンはすでに蒸し暑い。式典には、来賓としてリンカンの息子、そして数百人の南北戦争に従軍した元兵士たちが出席した。南部ではじまったとされるメモリアル・デイを公式に戦争記念日としたのはジョンソン大統領の時代（一九六六年）であったが、五月三〇日は戦闘がなかった日ということで南北和解の標《しるし》として、除幕式の日に選ばれたのである。

黒人を代表してあるビジネスマンがスピーチを行い、「南北戦争以降、自由になった黒人たちは七八の銀行、一〇〇の保険会社、そして五万社の企業による経済活動を通じ、アメリカ経済に多大の貢献をするまでになった」と述べ、黒人の社会的地位が向上していることを強調した。ただし、除幕式においても黒人と白人は別々に参列させられた。前述したように、南北戦争後に高まった白人至上主義と人種差別法により、黒人への差別が激化した背景があった。

一方、南北和解の象徴としてヒーロー的存在となったリンカン像は、現在、全国に二〇〇以上もある。リンカンにちなんだ地名、道路、公園名も多く、軍艦や潜水艦の名前にも好んでつけられ、切手や紙幣にもリンカンの絵が描写されている。リンカンはワシントンに続き、最もポピュラーな大統領になった。

ウィルソン大統領の白人至上主義

日本大使館に近いSストリートに、ワシントンで大統領が住んでいた住宅として唯一、一般公開されているウィルソンハウスがある。第二八代大統領、ウッドロー・ウィルソン（一八五六―一九二四〈任期一九一三―二一〉）が引退後に過ごした、こじんまりとした家である。

ウィルソンは、南北戦争以来、初めて選出された南部ヴァージニア州出身の大統領として歓迎された。生粋の南部出身のウィルソンが大統領に就任したことは、南北が「真に融和した」こと

白人至上主義者であったウィルソン大統領と邸宅

を示すとともに、北部の州が南部の人種隔離主義を容認した象徴でもあったといえる。

　プリンストン大学学長時代、黒人の入学願書を拒否したというウィルソンは大統領就任後、政権人事で南部出身者を好んで採用し、黒人からの陳情や苦情は見てみぬふりをしたという。

　ウィルソン大統領は、「有色人種たちが誤って私に投票したようだが、間違いは改めてもらおう」と発言し、「黒人差別は屈辱ではなく、特権であり、尊重するべき」と言い放った。「セパレート、バット、イコール（分離すれども平等に）」という「分離平等政策」で、黒人と白人は居住区を分けられたが、乗り物、教育、職業などでは表面上は差別されないという人種政策がとられた。

　一方、アメリカは国際紛争について関与しないという一八二三年からのモンロー主義に基づいて孤立主義を保ってきた。しかし、一九一四年に第一次世界大戦が勃発すると、三年後の一七年四月、アメリカは議会の圧倒的多数でドイツに宣戦布告した。イギリスの豪華客船、ルシタニア号が撃沈され、当時、アメリカの上流階級がイギリスと親密な関係にあったこと、死亡した乗客の中には一〇〇人以上のアメリカ人乗客が乗っていたため、アメリカ人の反独感情が一気に高まったことから、アメリカ政府は中立的立場を維持できなくなったといわれている。

一九一九年一月、第一次世界大戦はパリ講和会議で終結した。アメリカの参戦期間は短かったものの、戦死者五万三〇〇〇人、病死者が六万三〇〇〇人、行方不明者約三五〇〇人、合計約一二万人の死者を出し、負傷者は二〇万人以上であった。

第一次世界大戦後、総人口が一億人以上の大国となったアメリカでは、新たな愛国主義が強まっていった。アメリカ国内ではマスメディアが普及し、世界大戦勝利のニュースは、アメリカ人の愛国主義をさらに盛り上げていった。移民の国であるアメリカで、戦争は愛国心をかきたてる原動力となっていったのである。

第一次世界大戦とワシントン

議事堂を東の端にして、首都の建物が西へと広がる緑地帯は一般にモールと呼ばれている。長さ約一マイル（一・六キロ）、幅が四〇〇フィート（約一二〇メートル）の細長い緑地帯は、ワシン

第一次世界大戦の記念碑はモールにひっそりとたたずんでいる

トン市民の憩いの場を想定していた。

モールの木陰の片隅に、今ではほとんど注目されない戦争記念碑がある。モールに建てられた初めての戦争記念碑、「DC戦争記念碑」だ。第一次世界大戦に従軍したワシントン市民、二万六〇〇〇人のための記念碑である。

除幕式には作曲家ジョン・フィリップ・スーサ（一八五四―一九三二）が海軍の軍服で現れ、市民を歓喜させたという。アメリカの行進曲を一〇〇曲以上も作曲し、「マーチ王」と呼ばれたスーサはスペイン移民の父とドイツ移民の母を持ち、ワシントンに生まれた。「So」というもとの苗字に「USA」を加えて「Sousa」としたというのだからいかにも愛国的な移民の息子であった。

一九三一年、ＤＣ戦争記念碑の除幕式が行われた頃、ワシントンの人口は四八万人。都市としては決して大きくはないが、現在の人口とほぼ変わらない規模となった。第一次世界大戦で戦死したワシントン市民は五三五人。人口比からすれば首都からは、他のどの州よりも多くの兵士が戦場に送られた。初の世界大戦で、帰らぬ人となった犠牲者には、首都近辺に身近な知人や親戚が多くいたためか、民間の手によって戦争記念碑が建てられた。学校の生徒、市民や市内の企業からの総額二〇万ドルという当時としては破格の寄付金で建設された。

七メートル近い柱を数本、円形にぐるりと立て、大理石のドームに覆われたシンプルなデザインで、円形の台座はちょうどバンドが演奏できるぐらいの面積である。記念碑は白人男性以外に、黒人兵士や女性の犠牲者の名前を記した。黒人と女性の功績を初めて認めた記念碑だ。女性の従軍は看護や後方支援に限られ、戦闘行為には参加しなかった。米軍で女性が男性兵士同様の戦闘任務に就くようになるのは一九八〇年代に入ってからとなる。

マサチューセッツ通りの大使館群——日本大使館

アメリカと関係を深めたいという海外の列強国の代表部がワシントンで増えつづけてゆく中で、大使館地域は北西部に拡張されていった。

金ぴか時代に、「億万長者通り」として知られていたマサチューセッツ通り。一九二九年の世界恐慌で手放された邸宅群は、「大使館通り（エンバシー・ロー）」に変貌していった。現在、ワシントンにある一七〇カ国以上の大使館のうち三分の一がマサチューセッツ通りにある。

マサチューセッツ通りは、北西（NW）、北東（NE）、南東（SE）と三つの地区を横断するワシントンDCで最も長い道路だ。大使館は、マサチューセッツ通りを中心に、ニュー・ハンプシャー通り、Rストリート、16ストリートに多くみられるが、いずれも白人居住者が集中する北西（NW）地区に集中している。

日本大使館はマサチューセッツ通り二五二〇番地に位置し、このあたりにくると建物もまばらで、近くにはロッククリーク公園があり、緑豊かな地域である。

日本は、徳川時代の一八六〇年からワシントンに出先機関を置いていたが、日露戦争後の一九〇六年、セオドア・ルーズベルト大統領によって「大使館」に格上げされた。大使館になったものの、長い間、常駐する建物を所有してこなかった。日本政府がワシントンの北部、八キロ平方メートルほどある森の中に土地を購入したのは、一九三一年のことであった。

日本大使館を設計したのは、ニューヨークの建築会社、デラノ＆アルドリッチ社で、翌三二年に完成した。日本大使館本館は一九二〇〜三〇年代に好まれた「新ジョージア風」という、「植民地時代のリバイバル様式」ともいえるデザインだ。アメリカ建国の頃を思い起こされるデザイ

1932年に完成した日本大使館の旧館は「植民地時代のリバイバル様式」である

ンが流行ったのは、アメリカ人が自国を大国として自覚し、植民地時代の「美徳」を見直したいという自尊心の表れであったといわれる。

しかし、日本大使館は完成からわずか一〇年で閉鎖となる。一九四一年一二月の日本の真珠湾攻撃により、大使および大使館員はヴァージニア州、ホット・スプリングスの収容所に拘留されたからだ。日本大使館は、日本が再び国際社会に迎え入れられる一九五二年までアメリカ政府の管轄下にあった。

一九六〇年、日米修好通商条約締結百周年を迎えるにあたり、庭に茶室と日本庭園が増設された。設計にあたったのは、茶室設計の第一人者で茶道に関する著書でも知られた江守奈比古であった。茶室は純和風、国宝の如庵を模した設計で、百周年記念の「百」を一と白に分けて「一白亭」と名づけられた。庭は京都の龍安寺石庭を模して白砂が敷き詰められ、茶室は当時の大統領がブキャナンであったことからその名前に漢字をあてて「舞花庵」と名づけられた。

V

“良き戦争”第二次世界大戦から冷戦へ

ワシントン名物となった桜は日本からの贈り物
（写真提供／議会図書館）

タイダル・ベースンと桜

モールの南に隣接するタイダル・ベースンは潮の干潮に応じてポトマック川からの水を調整する半人工的な入り江だ。

モールの延長部分として、一八八二年から一八年かけて埋め立てられたタイダル・ベースンは、毎年春に行われる桜まつりですっかり有名になった。桜の並木には、紆余曲折を経てきた日米関係の小史がある。

ワシントンに桜並木を植えてはどうかと最初に思いついたのは、冒険家で写真家のエライザ・スキッドモア（一八五六―一九二八）であった。スキッドモアは、ナショナル・ジオグラフィック協会の初の女性メンバーとして何度も日本を訪れた。

スキッドモアは、ワシントンに桜の木を植林することを二〇年以上、政府関係者に働きかけた。日本で見た桜がよほど印象的であったようだ。

一九一二年二月に日本から大量の桜の苗がワシントンに到着した。桜の種類も豊富で、染井吉野、ありあけ、ふげんぞう、福禄寿、一葉、じょうのい、かんざん、みくるまがえし、白雪、駿河台におい、たきにおいなど、合計三〇二〇本。小さな式典ではアメリカ側から「アメリカン・ビューティー」という真紅のバラの花束が日本の代表者に贈られた。この日米交流のささやかな行事が

ワシントン記念塔の展望台から見た（手前から）第２次世界大戦記念碑、リフレクティング・プール、リンカン記念堂、ポトマック川。左側がタイダル・ベースン

タイダル・ベースンでは毎年春に桜まつり
催される（写真提供／議会図書館）

日本から贈られた灯籠（上）と石塔

やがて毎年春に行われる春の風物詩、桜まつりへと発展していった。毎年春には桜まつりが開催され、在米の日本女性の中から「ミス桜」が選ばれる、華やかなセレモニーとなっていった。

しかし、一九四一年一二月七日（日本では八日）、日本海軍の真珠湾攻撃により、アメリカの反日ムードは一挙に高まった。何者かにより四本の桜の木が切り倒され、桜は一時期、「憎き敵国日本」、反日のシンボルとなった。

桜並木の近くにひっそりとたたずむ二つの小さな塔（灯籠と石塔）がある。うっかりしていると見過ごしてしまうような二つの塔も日本からの贈りものである。

この灯籠の起源は、ワシントン市内にあるどの屋外彫刻よりも古い。二〇トンの灯籠の原石は、古くはインドで「多産の象徴」とされていた。やがて中国にわたった石は、仏教寺院で墓石につかわれ、灯籠となったのは日本に移送された一五世紀のころで、六角形の部分に穴が開けられ、茶会のときに小道をともす灯籠として使われた（当時、茶会は夜に開かれていた）。

その後三〇〇年ほど、上野の寺の境内に置かれていた灯籠は、桜の木とセットで日米親善のために贈呈されるはずであったが、処々の理由で二〇年以上遅れ、アジア太平洋戦争の勃発により、灯籠の移送計画は完全に中断されてしまった。晴れて灯籠が寄贈されたのは、第二次世界大戦終結から九年後のことだった。

その後、一九五七年に横浜市長から鎌倉時代の石塔「九重の塔」も贈られ、現在、灯籠からやや離れた場所に、タイダル・ベースン沿いの桜並木の中に並んでいる。

ルーズベルト記念碑

モール付近の大統領にちなんだ記念碑は、ワシントン記念塔、リンカン記念碑、ジェファソン記念碑の三つで完結するはずであった。ところが、「記念碑熱」はそこで終わらず、あらたな記念碑が登場することになる。

タイダル・ベースンのジェファソン記念碑の対岸にあるのは、第二次世界大戦を勝利に導いた「大恐慌大統領」のフランクリン・デラノア・ルーズベルト（一八八二—一九四五〈任期一九三三—四五〉）、通称ＦＤＲの記念碑だ。

国立公文書館前の「ルーズベルトの机」

ルーズベルトは死の七カ月前に信頼する法務関係者に、「もし自分の記念碑が建つのであればシンプルなものにしてほしい」と語り、自分の机をさしたという。本人の希望は、簡単な机のような石像を記念碑として公文書館の前に建ててほしいということであった。ルーズベルトは独立宣言をはじめ歴史的に重要な文書を読むことを好み、ホワイトハウスから遠くない公文書館によく通っていたからである。希望通り、公文書館の前には長方形の「ルーズベルトの机」が建立された。

しかし、時代が変わり、ルーズベルトのためにさらに大きな記念碑を建てるべきであるという動きが活発になる。

足掛け四期にわたり最長の任期を務めた大統領であるFDRの記念碑は、いくつもの石碑が

ルーズベルト連作記念碑。（写真右上から時計回りに）ルーズベルトは生前、車椅子生活であったことは伏せられていた／ルーズベルトのラジオ演説に耳を傾ける市民／パンを求めて並ぶ失業者たち／愛犬と一緒のルーズベルト

緑の木々の中に絵巻風に並ぶ「連作記念碑」の構成である。

入り口にある石碑は、車椅子に座るルーズベルト像だ。ルーズベルトの現役時代、マスコミに公表されていた写真一万枚のうち、大統領が車椅子に座っていたのはわずか四枚であったというから、いかに大統領の身体障害がひた隠しにされ、「強い大統領像」が演出されていたかが想像される。

各部屋の壁には、ルーズベルトの代表的なスピーチから選別された二〇あまりの名言が刻印されている。入口に近い石碑には、ルーズベルトの一九三三年の大統領就任スピーチから「我々が恐れるべきことはただひとつ。我々自身である」という意味深い言葉が刻まれている。これは経済恐慌からまだ抜けきれないアメリカで、あくなき富の追及と欲望で破滅へ向かわないための箴言ともいえるが、大国となりつつあるアメリカの行為が世界に与える影響について自らをたしなめているようでもある。

ペンタゴン——二万人が働く巨大ビル

ワシントンの地下鉄はレッド、グリーン、オレンジ、ブルー、イエロー、シルバーと色分けされた六つの路線でわかりやすい。

南西からダウンタウンに入り、東へとつながるブルーラインは国防総省のビル、ペンタゴンへの通勤者を運ぶことで知られる。ペンタゴンシティーの駅には大型のショッピングセンターもあり、ペンタゴンは二万人以上が勤務するとあって通勤者が不便のないようになにもかも揃っている。位置からすれば、ポトマック川を隔てて、ちょうど、ルーズベルト記念碑の反対側になる。

4万人が働ける建物として建てられたペンタゴン
（写真提供／国防総省）

一九四一年七月、戦争省（四七年、国防総省に改称）では、ある壮大な建物の建築計画が提案されていた。その頃、戦争省は増員された職員二万四〇〇〇人が、二三のビルに分散して働いていた。連絡のために職員たちはビルからビルへ移動しなければならず、不便なうえ、移動の時間のロスは大きかった。

戦争省のエンジニア、ブレオン・サマーヴェル（一八九二―一九五五）とジョージ・バーグストロム（一八七六―一九五五）は、将来、「四万人が働ける建物」を建てるという、型破りな案を思いつく。第二次世界大戦への参戦を目前にし、鉄を節約するために、高層ビルは視野になかった。数人のエンジニアや建築家が集まって週末に練った案は、五階建て、地下二階、冷暖房完備、エレベーターなし（当時）の五角形の建物、「ペンタゴン」である。

新しい建物は、大型すぎてワシントン市内には建てられない。そこでポトマック川対岸のヴァージニア州、アーリントン墓地の南の地域が選ばれた。その沼地は「ヘルズ・ボトムズ」と呼ばれたスラム地域を含み、あたりには一五〇軒の住宅や小さな工場や店などがあったが、連邦政府に買い上げられた後、即刻、撤去された。基礎工事には、コンクリートの柱が四万本以上埋められ、建物には三三万立法メートル分のコンクリートが使用された。当時、大理石の産地であったイタリアはナチスドイツと同盟国であったため、大理石は使わずに、可能なかぎりコンクリートが使われた。

ペンタゴンは総面積が六〇万平方メートル、オ

地下鉄のブルーラインには制服を着た軍人をみかけることも珍しくない

フィス面積は約三五万平方メートルという世界最大級のオフィスビルで、中庭だけでも面積が約二万平方メートルある。廊下は全長が総計一七・五マイル（約二八キロ）。館内には、トイレが三〇〇カ所、七七五四の窓、電話回線は一〇万本、階段は一三一カ所、四二〇〇の時計、九〇〇〇台近い車を収容できる駐車場がある。一万三〇〇〇人の建設労働者が従事し、〝超特急〟で建設が進められたペンタゴンの総工費には八三〇〇万ドルが費やされた。現在のレートに換算すると約一〇億ドルほどであるという。この規模の建物の建設には通常、最低でも四年かかるはずが、わずか一六カ月で完成した。この驚異的な工期の短さに、当時のアメリカの工業力の勢いが感じられる。

第二次世界大戦が終わると、戦争省をはじめ大幅な軍の改編が行われた。国防総省が一九四七年に設立されたことで、一八世紀から存在した戦争省を陸軍省とし、海軍を海軍省として組織を改編した。海軍と陸軍の一部であった空軍を独立させ、国防総省下には、陸軍、海軍、空軍、海兵隊、沿岸警備隊（コーストガード）の五軍を統合指揮するため、統合幕僚長（ジョイント・チーフ・オブ・スタッフ）の役職が新たに置かれたほか、文官の国防長官職がもうけられた。

しかし、建国時から常にライバル関係にあった海軍と陸軍をひとつの建物にまとめるだけでも困難な上、軍が暴走しないよう、文官が統制するというシビリアン・コントロールの考え方に対する軍の反発は大きかった。軍のオフィスをすべてペンタゴンという一つの屋根の下に統合させるという〝偉業〟は困難を極め、初代国防長官、ジム・フォレスタル（一八九二―一九四九）は精神衰弱に陥った。そのストレスからか、フォレスタルは病院に収容された後、一六階から飛び降り自殺した。

改編にあたって、海軍は独立性が危ぶまれるのではないかと恐れ、文民の長官になかなか同意しなかった。統合に懐疑的であった海兵隊は、トルーマン大統領の、海兵隊の存在を「海軍の警察官」に過小評価するような態度に反発し、一九九六年までペンタゴンの建物に「入居」することを拒んだ。

ペンタゴン内は、内側から外側へA・B・C・D・E（地下二階分はF・G）とビルの棟が五重に並び、内部にスパイや敵が侵入しても迷いやすくするため、わざとどこを向いても同じに見える殺風景なデザインとなっている。以前は自由に入ることができ、一般の見学ツアーもあったが、二〇〇一年の同時多発テロ以来、厳重な警備のもと一般人の入館を制限し、近くで写真を撮っているだけで機関銃を持った警備の兵士が写真を撮らないよう、血相を変えて近づいてくる。

「良き戦争」とされた第二次世界大戦記念碑

緑地帯、ナショナル・モール（通称、モール）には東西に細長い池がある。リフレクティング・プール（反射するプールという意味）は長方形の池で、長さ六一八メートル、幅が五一メートル。

リフレクティング・プールをはさむようにしてリンカン記念堂と
第二次世界大戦記念碑がある

池は浅く、歩ける程だ。ワシントン記念塔とリンカン記念堂のあいだは沼地であったために美的とはいえなかったが、リフレクティング・プールの建設で、ワシントン記念塔とリンカン記念堂が反射してプールに映しだされ、モールの象徴となった。一九二三年に完成したリフレクティング・プールは、二六〇〇万リットルほどの水を湛えるが、もともと沼地だったので周囲に水が浸み出るようになり、二〇一二年、大幅な改修工事が施された。

ワシントン記念塔を背に、リンカン記念堂まで広がるリフレクティング・プールの方向を向くと、手前にあるのは第二次世界大戦記念碑だ。リフレクティング・プールの端にあった楕円形の小さな池を「改装」し、二〇〇四年に完成した。

第二次世界大戦記念碑の総工費は一億九五〇〇万ドル。このプロジェクトには反対意見も多く、フィラデルフィアのある新聞は、「ヒットラーやムッソリーニが好みそ

第二次世界大戦記念碑

うな大型デザイン」の記念碑は建設すべきではないと書き、「モールを守る会」が組織され、反対運動は建設が完了する最後まで続いていた。

第二次世界大戦に従軍したアメリカ人兵士は一六〇〇万人。第二次世界大戦に従軍した兵士たちの生存者は毎年、減り続けている。実際に戦争に関わった人々が世を去るにつれて、記念碑はなぜか抽象的なイメージが強くなるようだ。

第二次世界大戦の記念碑建設に反対した元兵士に話を聞いてみた。

ヨーロッパ戦線で行われたバルジ作戦（一九四四年一二月から翌年一月まで、ベルギーのアルデンヌの森などで展開されたヨーロッパ戦線で最も過酷な戦闘のひとつ）に参加した元陸軍兵士、ジョージ・アイデルソン氏は、「犠牲者が全く表現されていないことに疑問を感じた」と語る。ではなぜ反対するのか、テレビ番組でディベートすることになった。賛成派からは、「外国戦線退役軍人の会（ＶＦＷ）」の代表者が出演した。保守派のＶＦＷ代表者は「愛国心に欠ける」とアイデルソン氏を責め、視聴者の感情に訴えたという。

「私の仲間はみな第二次世界大戦記念碑に反対したのだけれど、アメリカのために戦った戦死者のためと言われ、結局、言い負かされた。民主主義とはときとして妙な展開になる」とアイデルソン氏は苦笑した。

ジョージ・アイデルソン氏

「歴史の記憶」をコントロールする軍人の会

この「外国戦線退役軍人の会（ＶＦＷ）」は、前述した米西戦争（一八九九年）後に結成され、会員数では最大の米国在郷軍人会（アメリカン・リージョン、一九一九年設立、会員数は二五〇万人以上）と並ぶ退役軍人の会のひとつとして、アメリカが対外的にどうあるべきか、積極的に提言し、アメリカが関係してきた戦争を正当化することに務めている。

「戦争の行為を決して謝罪するべきではない」と主張する米国在郷軍人会は、一貫して「解放者としてのアメリカ」、「第二次大戦はアメリカが終わらせた良き戦争」を喧伝する。一九九五年、第二次世界大戦終結から五〇周年を記念して、スミソニアン航空宇宙博物館が広島に原爆を投下したエノラ・ゲイを復元し、展示しようとしたときも、「内容が一方的である」と猛烈に反対し

広島に原爆を落とした「エノラ・ゲイ」はスミソニアン航空宇宙博物館分館に展示されている

た。

「来館者が原爆投下による被害もわかるようにする」ことは、すなわち「多くのアメリカ人の命を救った行為を否定すること」とされ、原爆の被害について説明が十分にされないまま、機体は本館から遠く離れた分館に移転された。二〇一六年、大統領として初めて広島を訪れたオバマ大統領が、具体的な出来事に言及することを避け、抽象的なスピーチに終わったのも、背後に退役軍人の会の圧力があったことは明らかである。

元兵士で第二次世界大戦の記念碑のデザインにもかかわった建築家、ケント・クーパー氏は、「デザインに原子爆弾を含みたかったが、退役軍人の会などからの猛烈な反対により実現しなかった」と語った。終戦後、占領軍の通訳として日本に滞在したこともあるクーパー氏は、池の底に原爆をイメージした〝クレーター〟を作って、ライトアップするデザインを考えたという。

退役軍人の会は、軍人のイメージをポジティブに保つためにアグレッシブに発言する。アメリカが「加害者」というイメージを否定し、原爆投下は戦争を終えるための必要悪であったことに拘泥する。

しかし、第二次世界大戦記念碑は、完成してみると多くの人々が訪れる場所として評判になった。アメリカ人は第二次世界大戦を、独裁者の圧政や侵略と戦った「良き戦争」と呼ぶ。アメリカが一丸となって戦ったことに異論はなく、「ヨーロッパとアジアの独裁国家」から人々を解放し、民主主義を定着させたという達成感に、アメリカ人が満足したゆえんだ。

ケント・クーパー氏

大西洋と太平洋を象徴的に両側のアーチで囲み、それぞれの激戦地を噴水で表現した。また、リンカン記念堂側の「フリーダム・ウォール」は四〇万人以上が命を落とした戦争の象徴として、星一個が一〇〇人の戦死者を表す。ワシントン記念塔側の入り口の両側には、三二枚のレリーフ画が飾られ、戦争の場面や日常を写実的に描いている。排水口のマンホールにまで軍隊を表す象徴的なデザインが施され、細部にわたり「良き戦争」が讃えられている。
第二次世界大戦記念碑の主なスポンサーは、アメリカの戦争記念碑委員会（ＡＢＭＣ、

フリーダム・ウォール

マンホールにも第二次世界大戦の標がある

一九二三年設立）である。

ＡＢＭＣは第一次世界大戦後の一九二三年にパーシング将軍の要請で議会が承認した団体で、メキシコ戦争にさかのぼり、国内外においてアメリカ軍の記念碑や墓地などの発案から建設、運営に関与している。ＡＢＭＣは国内の戦争記念碑や墓地だけでなく、たとえば、フランスのノルマンディーにある戦争墓地など、海外の戦争記念碑や墓地の管理もしている。アメリカのイメージを損なわないよう、軍の名誉を讃えることが彼らの活動の信条である。

「引き分け」の戦争

ワシントン記念塔を背にしてリンカン記念堂に向かうと、モールの緑の茂みの中に、右側にベトナム戦争記念碑、左側に朝鮮戦争記念碑が向かい合って建っている。

朝鮮戦争（一九五〇―五三）は、長いあいだ「忘れ去られた戦争」、あるいはアメリカが「忘れたかった戦争」であった。「敗戦」を認めたがらないアメリカにおいては、勝敗がはっきり示されなかった朝鮮戦争は今日まで「引き分け」とされている。

日本の敗戦とともに、三八度線で米ソ両国により分割占領されていた朝鮮半島に、大韓民国と朝鮮民主主義人民共和国というふたつの国が作られたこと、そして一九四六年一〇月、中華人民共和国が成立されたことはアメリカにとって打撃であった。

朝鮮戦争記念碑

一九五〇年六月二五日、中国に後押しされた北朝鮮軍が突如、三八度線を越えて侵入し、三日後にソウルを占領した。極東の朝鮮半島であっても、共産主義の脅威がアメリカ社会を浸食することから守るとの名目のもと、トルーマン大統領は世界中どこでも共産主義と戦うと公約。米ソ間の冷たい戦争が激化する中、アメリカは「共産主義との戦い」に突入してゆくことになる。

戦局は一進一退を繰り返し、三年間にわたる激しい戦闘の後で休戦となったとき、北緯三八度線を境界線とする分断国家を維持するという、開戦前の状態に戻っただけであった。敵味方合わせて一四六万人の戦死者を出し、民間人の死傷者は南北合わせて推定で二六八万人に達した。決定的な勝利もなく、アメリカに帰国した兵士たちを迎えるパレードもなかった。

一九九五年に完成した朝鮮戦争記念碑は、ベトナム記念碑より「具象的」だ。朝鮮半島の寒さや雨に耐えながらV字に隊列を組んで前へ進む一九人の兵士たちが実寸よりやや大きめのステンレス製の像で表現されている。一四人が陸軍兵士、三人が海兵隊、そして海軍軍医と空軍の兵士である。

朝鮮戦争記念碑は、朝鮮半島で戦った元兵士たちのあいだで共感を呼び、「寒くてずぶぬれになった朝鮮での情景をうまく再現している」との意見も多い。しかし、アメリカが初めて〝勝利〟できなかった戦争のせいか、モールの緑の茂みの中に隠れるように建っている。

朝鮮民主主義人民共和国と大韓民国の間は現在も「休戦協定」のままであり、朝鮮戦争はいまだに続く「長い戦争」となっている。

ベトナム戦争記念碑という「墓碑」

朝鮮戦争記念碑の反対側、モールの北側にベトナム戦争記念碑がある。引き分けだった朝鮮戦争記念碑と敗北したベトナム戦争記念碑が森の茂みの中にあるのは、象徴的である。

しかし近年、ベトナム戦争記念碑ほど、活発に議論が行われたことはなかった。ベトナム戦争記念碑はその後に続く戦争記念碑の建設ラッシュの先駆けともなった。

ベトナム戦争記念碑

ベトナム戦争記念碑は、イエール大学の建築学科学生であったマヤ・イング・リン（一九五九—）作で、「黒い傷」（ブラック・ギャッシュ）とも呼ばれ、「モールに巨大な墓石を建てる」ことへの反対者は多かった。しかし、完成してみると、全国から訪問者があとをたたない。一九八二年に披露された記念碑は、「漆黒の壁が無言の哀悼を表す墓碑」であると、大きな話題を呼んだ。

記念碑の前には、詩、花輪、古い写真などが今も並ぶ。元兵士や遺族をはじめ、訪れる人々がおのおのの想いを込めて、置いていくらしい。壁の前に置かれた印刷物を読むと、国の命に従って、兵士たちがいかにアジアの地で戦ったか、それぞれの運命を垣間見ることができる。ある陸軍の小部隊は、待ち伏せ攻撃（アンブッシュ）をくぐり抜けたのち、偵察中に激しい戦闘になり、救援に向かった部隊も攻撃にさらされ、ヘリコプターで命からがら救出されたとある。

ベトナム戦争の頃は徴兵制がしかれていたため、兵士たちのプロフィールもさまざまだ。ある戦死した兵士は、有名なプロのアメリカンフットボールの選手であった。アメリカが参戦した二〇年間に、父と息子が戦死したケースも三組はあったようだ。第二次世界大戦とベトナム戦争の二つの戦争に従軍、戦死した軍人もいた。

ベトナム戦争は、まだ生々しい体験として、個人の思い入れが強い。ベトナム戦争で戦死した五万八〇〇〇人の名前を擁するベトナム戦争記念碑のわきには、訪問者が戦死者の名前を探せるように名簿が設置されている。名簿が雨に濡れないよう、上部がガラスで覆われ、手前横のあいた部分から手を入れ、ページをめくりながら探すことができる。

名簿はブロックごとに戦死者の名前を記載しているので、それに沿って壁に刻印された名前を見つけることができる。希望者は白い紙を名前の上からあてて太い鉛筆などでこすり、名前を写し取ることもできる。

記念碑は当初、「黒い壁」のみであった。議員たちをはじめ、わかりやすい「具象」を求める人々の要求に、「三人の兵士」像が「黒い壁」からやや離れた木々の中に「建て増し」された。公民権運動からかなりの時間がたち、黒人のみならずヒスパニックなど、マイノリティーを重視

ベトナム戦争記念碑「三人の兵士」（右）と「女性兵士」像

するべきという時代を反映してか、三人像は白人の兵士を先頭に、右に黒人、左にヒスパニックらしい兵士を配している。

近くには、別の芸術家により「女性兵士の記念碑」も建てられた。ベトナム戦争で従軍した女性兵士は二六万五〇〇〇人いたというが、公民権運動と並行して女性解放運動が活発化したことを反映している。

「アメリカが戦争ばかりしてきたことはモールを見るとよくわかる」というのは「モールを守ろう！」という運動を行っているジュディー・フェルドマン氏だ。フェルドマン氏をはじめ多くのワシントン市民は、自由と民主主義を象徴するべきワシントンに戦争記念碑ばかりが増えることを危惧している。

冷戦とスパイたち

第二次世界大戦終結直後から共産圏崩壊まで続いた

「冷たい戦争」とは一体、何であったのか。アメリカとソ連が、軍備拡張競争にいそしんだ「戦争」は、ヨーロッパやアジアの国々を共産圏と民主主義圏という「東西地域」に分断した。この時代、東西「スパイ合戦」が繰り広げられ、ワシントンにも多くのスパイが跋扈していた。

ところが、冷戦が終結したとされた九〇年代半ば以降も、スパイの存在が確認されている。一九九四年に逮捕された「大物スパイ」にアルドリッチ・エイムズ（一九四一―）がいた。アメリカの諜報機関ＣＩＡ（中央情報局）のスパイであったエイムズはしばしばＫＧＢ（国家保安委員会）の工作員と密会し、ソ連に機密情報を提供していた「ダブル・スパイ」であった。ソ連内で活動していたＣＩＡ職員の名簿をソ連側に渡していたのだが、このためにＣＩＡのスパイ一〇人がソ連で処刑された。エイムズは、会合の必要がある場合は郵便ポストにチョークで印をしたというアナログ時代の古いタイプのスパイで、エイムズがＫＧＢの職員と会っていたのは、ジョージタウンのＫストリートにあるなんの変哲もない「チャドウィックス」というパブだった。

通常、スパイは派手なことをすれば、ただちに嫌疑がかかるため、一般市民に溶けこんで活動する。しかし、その鉄則を破り、エイムズは、ＣＩＡの給料では賄えないような派手な生活をしていたために疑われ、おとり捜査で逮捕された。エイムズは、終身刑の判決を受け、現在も服役中である。

冷戦の終わりとともに、米ソの諜報活動も曲がり角を迎えたという思い込みは、ある事件で覆

ジョージタウンのパブ「チャドウィックス」（現在、閉店）ではスパイたちが暗躍していた

スパイは郵便箱に印をつけ、文書のピックアップのサインを送っていた

された。二〇一〇年六月、東海岸で一〇人のロシア人スパイたちが逮捕された。中にはアメリカ国籍を得ていたスパイもいた。表向きの仕事はコンサルタント、旅行代理店、主婦など一般のアメリカ人と変わらぬ生活を営んでいた。中流家庭が住む郊外の生活に溶け込み、あまりに「普通」に見えたため世間は驚いた。彼らはネットで送られてきた画像を、ロシアで作成されたソフトを使ったステガノグラフィーという方法で暗号解読していたという。一体、スパイたちは何の情報を集めていたのか、今も謎につつまれている。

逮捕されたロシア人のスパイたちは、ロシアに拘留されていたアメリカのスパイたちとウィーンの空港で交換された。かつて冷戦時代に行われていた「スパイ交換」である。冷戦がとうに終わったと思われた時代に、まさに冷戦時代を彷彿させるような事件であった。

なお、交換されたスパイの一人、美人のアンナ・チャップマン（元の名前はアンヤ・クシュチェンコ）は、ロシアに戻った際、メドヴェージェフ大統領から表彰を受け、プーチン元大統領とはカラオケでロシアのスパイ賛歌をデュエットした。雑誌のモデルをつとめ、テレビにも出演、離婚した元夫の苗字を自分の商標として登録し、香水、時計、ウォッカなど「チャップマン商品」も発売し、〝にわかセレブ〟となった。「ロシアに帰国して生まれ変わった」というチャップマンは、抜群のスタイルから「90・60・90のスパイ」とか、「ミニスカートのスパイ」などと呼ばれたが、アメリカで何を目的にスパイ活動を行っていたのかは、依然として闇の中である。

なお、このときに交換された「大物スパイ」の中に、セルゲイ・スクリパリがいた。ロシア連邦の情報機関に所属していた退役将校であったスクリパリはイギリスに亡命。二〇一八年三月、ロシアから訪問中の娘とともにロシアで開発されたと思われるノビチョクという神経ガスによって、あやうく毒殺されそうになったが、一命をとりとめた。

核シェルターのサイン――「核への恐怖」、冷戦時代の名残り

冷戦時代、核シェルターの建物は、市内に1000カ所以上あった

ワシントン市内のビルには、三角マークを三つあしらった黄色のサインをよくみかける。サインの下には「フォールアウト・シェルター」と書いてある。「フォールアウト」とは、核の灰を意味する。つまり、これは冷戦時代のシビック・ディフェンス・プログラム（市民防衛プログラム）の一環で、サインがある場所は、核爆発で拡散してくる二次放射線から身を守るためのシェルターがあることを示していた。

冷戦たけなわの頃、米国政府は、ソ連の核攻撃の第一目標は首都ワシントンになることを想定していた。このため、市内周辺には一時期、一〇〇〇カ所以上の地下核シェルターが用意されていた。日本に原子爆弾を二つ落としたアメリカの核に対する恐怖は大きく、その威力を知り

尽くしているからこそ、米ソの軍拡競争のさなか、万が一、核戦争になった場合の生き残りの手段を確保する必要性に迫られたのではないだろうか。

ワシントンポスト紙は、一九五〇年代末に、「核爆弾が落とされても、戦略的地下シェルターがあれば、死者は最小限に抑えられる」と専門家の予想を掲載した。「核の灰を避けるために地下に潜れば首都が壊滅状態になることはない」という発想である。

最初のシェルターができたのは、一九六二年。Kストリートにあったアンバサダー・ホテルで、八〇〇人以上が収容可能であった。翌年には計五〇万人のワシントン市民が避難できる核シェルターが確保され、最低でも二週間分の水と保存食品が備蓄された。黄色のシェルター・サインは、地下シェルターを持つオフィスビルだけでなく、病院、ホテル、学校、アパート、その他の公の建物に見られたが、一般の家庭でも地下にシェルターが作られたようだ。

映画「ブラスト・フロム・ザ・パスト」（邦題は「タイムトラベラー、昨日から来た恋人」一九九九年）という映画のストーリーは、一九六二年のキューバ危機で、ついに核戦争になると信じた父親が妻と息子とともに自給自足ができるように密かに作っていた自宅の地下の核シェルターに避難する、というものだ。ただし、冷戦が終了したことも知らず、息子はある事情から必要に差し迫られ、とうとう三五年後、初めて地上に出てくるという、コメディーの筋書きだ。単純なハリウッド映画だと一笑に付すことができないのは、それだけアメリカが攻撃されるかもしれないという「冷戦ヒステリー」が高まった時期が実際にあったということである。地下シェルターを作り、一定期間生き延びるための保存食品の買いだめをしたために、近所の人たちが自分たちのシェルターに押し寄せてくるかもしれないという懸念から、他人にはシェルターの存在が明かさなかった場合も多かったというから、首都ワシントンに核シェルターがいくつあったかは不明だ。

そういった背景から実際に核シェルターがどの程度、効果があったかどうかは確かめようがない。市民防衛プログラムは、一九七〇年代初めに国民の関心が薄れたことで助成金もカットされ、忘れ去られたようだ。シェルター・サインの保存を進めている「ディストリクト・フォールアウト」（特別区における核の灰）のウェッブ・サイトによれば、現在、核シェルターのサインの五〜一〇％が残っている。

ちなみに、トランプ政権が誕生したことや貧富の差が深まることによる社会不安などから、最近、カリフォルニア州のＩＴ業の富裕層のあいだでは、再び、「安全な場所の確保」のため、シェルターのような頑丈な建物を購入する傾向が出てきているという。

デュポン・サークルの地下鉄シェルター

町中のダウンタウンからメリーランド州まで北西にまっすぐ伸びるコネチカット通りのデュポ

核シェルターにもなるはずだった地下鉄デュポン・サークル駅

ン・サークルといえば、住宅地の一部でありながら、カフェやレストランが多数並び、若者に人気のエリアである。デュポン・サークル駅の地下鉄からレッド・ラインの地下鉄に乗ると、次の停車駅ファラガット・ノースで、ダウンタウンのオフィス街に着くとあってとても便利だ。

ワシントンに地下鉄が開設されたのは、一九七六年のことであった。地下鉄の建設計画は、冷戦まっただ中の時代に進んだだけあって、デュポン・サークル駅のように、延々とエスカレーターで下がっていく駅がある。一体、どこまで続いているのかと思うほどエスカレーターの距離は長い。実際、駅の深さは約二〇〇フィート（六一メートル）。これはデュポン・サークル駅が核戦争の際にシェルターとなることを想定していたからだ。

デュポン・サークル付近には、以前、市電が通っていたトンネルも残っている。一八九〇年代から一九四〇年ごろまで使用されていた市電のトンネルは、やはり冷戦時代に核シェルターに転用されることが想定されていた。その面積は七万五〇〇〇平方フィート（約二三平方キロメートル）と広大なスペースだが、今ではすっかり忘れ去られている。ホームレスや麻薬の売人などが入れないよう、入口は金網で厳重に封鎖され、これだけのスペースが不動産の一等地で無駄になっているということで、再利用が検討されている。

ヴィント・ヒル農場の冷戦博物館

「スパイの街」ワシントンでは、観光客のために頻繁にスパイツアーが行われ、「国際スパイ博物館」は定番の観光スポットだ。しかし、ヴァージニア州にある冷戦博物館はあまり知られていない。この小さな博物館には、実際に諜報活動に使われた冷戦時代の史料が多数展示されていて、インテリジェンスの歴史に関心がある人にとっては不便な場所ながら訪れる価値が充分にある。ワシントン市内にある人気の「国際スパイ博物館」が人間を媒介とした諜報活動である「ヒューミント」に関する展示品を主に収集しているとすれば、ヴァージニア郊外の冷戦博物館には、冷戦時代に使われた航空偵察、諜報活動、電話や無線の諜報活動である「コミント（コミュニケーション・インテリジェンス）」および電子信号による「シギント（シグナル・インテリジェンス）」に関する展示品が集められ、所狭しと陳列されている。

「ヴィント・ヒル・ファームズ」は、その名のとおり、農家であった。車でワシントンから

冷戦博物館

ルート66を西に、リー・ハイウェーと呼ばれるルート29を南西に曲がり、約四〇分ほど走る。するとヴァージニアの田園地帯らしい風景となる。近くには南北戦争の最初の激戦地、「ブル・ランの戦い」で知られるマナッサスの地名が目に入る。この戦いは、準備不足であった北軍に対し、南軍の勝利であったとされ、戦争は早期解決の見通しを絶たれたといわれる。

冷戦博物館は、緩やかな丘陵の上にある。

「ここの土地は、アメリカでも非常に珍しい地質が通信傍受に適していたため、第二次世界大戦中、秘密の通信傍受拠点として選ばれた」。館内を案内してくれたのは、元大学教授でボランティアのジェースン・ホール氏。ホール氏によれば、こういった特異な地質が認められるのは、世界中に四カ所しかない。ヴィント・ヒル農場、カリフォルニア州のある場所、そしてほかに二カ所は、まだ現役であるため秘密である。イギリスが第二次世界大戦中、ナチスの「エニグマ暗号」を解読するために設けられた「ブレッチリー・パーク」（ロンドンから北西へ約九〇キロ）の傍受施設のアメリカ版が、ヴィント・ヒル農場であった。

冷戦博物館は、通信傍受施設の跡地に建てられた。そのはじまりはこうだ。農家の主人は、熱心なアマチュア無線愛好家で、陸軍のシギント部隊に所属していた友人と、ある日の昼食、なにげない会話を交わした。

その友人が、ある日、ベルリンのタクシー会社が運転手たちと交信している会話が無線で聞こえたというのである。それは驚天動地のニュースだった。

周辺をテストをしたところ、世界中の交信が最も単純な無線で聞ける。その理由は、傍受に適した酸化鉄が土壌に豊富に含まれていて、天然の「傍受施設」として最適であることが判明したからである。農家は極秘の傍受施設として、「アンテナ農場」と化し、第二次世界大戦中、アメリカで最大の傍受施設となった。一九四二年のことである。もちろん、対象となったのはドイツと日本の暗号解読だ。

冷戦博物館の歴史を説明してくれたジェースン・ホール氏

傍受した暗号は、三段階で内容の解析・解読が行われた。まずモールス暗号を聞き取って五つの文字グループに分けられる。信号による文字のパターンを認識、理解するためだ。次に解読専門家が文字をみて、ドイツ語か日本語かを判定し、ドイツ語から英語へ、日本語から英語へと解読する。日本語から英語へと訳したのは、日本語と英語を完全に習得していたハワイの日系人たちであったという。

大戦中、ヴィント・ヒル農場の最大の功績は、ある暗号を解読したことだった。ベルリンの大島浩大使とドイツのリッペントロップ外務大臣とのあいだで、ヨーロッパ戦線でアメリカの上陸の可能性があったカレーの海岸線をどのように防衛しているかという会話があった。カレーは英国から最短距離のフランスの海岸だから、ドイツ軍はここに連合軍が上陸してくると予想して防衛体制を特に強化させる、というものであった。そこで、米軍は、連合軍があたかもカレーに上陸するかのように、イギリス側の海岸に戦車などをずらりと並べた偽のプロップ（小道具）をハリウッドの美術担当に発注した。結果、連合軍がカレーにやってくるはずと、戦力を集中させていたドイツ軍は、ノルマンディーの上陸で不意打ちをくらうことになった。

冷戦博物館の設立の指揮をとったのは、第二次世界大戦中、アメリカの諜報機関ＣＩＡ（中央情報局）のパイロットであったフランシス・ゲイリー・パワーズの息子である。父パワーズは、一九六〇年、高性能カメラを搭載した偵察機Ｕ２に搭乗中、ソ連の軍事施設を撮影しようとした際、地対空ミサイルで撃墜され、ソ連の捕虜となった。七年の懲役刑で収監されていたパワーズは、一九六二年二月一〇日、米国とソ連が初めて行った「スパイ交換」で、ベルリンのグリニッケ橋の上で、ソ連の諜報機関KGB（国家保安委員会）のためにニューヨークを拠点としてスパイ活動を行っていたルドルフ・イワノビッチ・アーベルと交換された。

一九四二年から人工衛星が通信傍受の役割を担うまでの一九九五年まで、現役を務めたヴィント・ヒル農場の存在は、冷戦博物館が二〇一一年に開館するまでほとんど知られていなかった。米ソが軍拡、スパイ活動でしのぎを削った時代は何であったのか、テクノロジーの駆使がいかに戦争の動向を変えていったのか、考えさせられる場所である。

Ⅵ

公民権運動からラテン化へ

南北戦争に参加したアフリカン・アメリカンのための記念碑（スピリット・オブ・フリーダム像）の前に立つ黒人女性（10ストリートとUストリートの角）

チョコレート色の街

ワシントンはアメリカ人の間で、長い間「チョコレート色の街」と呼ばれてきた。市内の黒人の人口の割合が常に高く、一九五〇年代には七〇％近くに達したこともある。二〇一一年、黒人の比率は初めて五〇％以下になったが、ＳＥ地区の住民は大半が黒人である。南北戦争後の奴隷解放から「分離すれども平等」という差別の時代を経て、黒人たちが真に市民権を得たのは公民権運動以降だ。

公民権運動は一九五四年から一〇年以上続いた。黒人がみずから立ち上がり、白人活動家たちの協力を得て広がった差別撤廃の運動は辛抱強く、非暴力の姿勢を崩さなかった。たびかさなる人種差別主義者たちの暴力に直面しながら、非暴力を貫いた公民権運動は、黒人のみならず、人種そのものに対するアメリカ人の意識を変えていった。

運動のきっかけとなったのは一九五四年五月一七日、連邦最高裁判所が下したブラウン対トピカ教育委員会裁判の判決（通称「ブラウン判決」）である。原告である黒人溶接工のオリバー・ブラウンは小学校三年生の娘が人種隔離のために近くの学校に通えず、遠くの学校へバスで通わなければならないのは違法であると訴えたのである。リベラルなアール・ウォーレンを主席判事とする最高裁判所は公立学校での人種差別が憲法違反であり、「人種だけを理由に黒人の子どもを隔離することはその成長にかえって悪影響を与えるものである」とした。一九世紀末から続いていた分離政策を事実上覆す、初めての判決である。

この判決に勇気づけられた黒人たちは、人種分離反対と雇用の機会均等を求め、各地で活動を展開する。バスの座席分離政策をボイコットする事件をかわきりに、分離政策が適用されている公共の場所やレストランなどで座り込む「シット・イン」や、白人と黒人が一緒にバスに乗り込み、差別が蔓延している南部を横断するという「フリーダムライド」も行われた。差別撤廃に共鳴して活動を共にした白人たちは、「黒人に賛同して白人を敵に回した」と、警官たちからもひどい暴力を受け、犠牲者も出した。ところが、暴力には決して暴力で応えるべきではないという非暴力の姿勢に徹したことで、運動はさらに支持されてゆくことになる。

キング牧師が演説した場所には「私には夢がある」という言葉が刻まれている

公民権運動が頂点に達した一九六三年八月二八日、ワシントンのモールには、二〇万人以上が集まり、リンカン記念堂の前で公民権運動の指導者、マーティン・ルーサー・キング牧師が演説した。「私には夢がある」というわずか一七分ほどの演説は、歴史に残る名スピーチのひとつとして有名になり、キング牧師が立った場所には今日、演説の言葉の一部が刻まれている。

公民権法は正式名を「憲法上の投票権を実施し、公共施設や公立の教育機関における差別にたいする憲法上の権利を保護するため、訴訟を提起する権限を司法長官に与え、公民権委員会が連邦援助計画における差別を防止し、雇用機会均等委員会を設置するためおよびその他の目的の法律」とし、一九六四年に上院と下院で可決された。翌年には「合衆国またはいかなる州も、人頭税その他の税を支払わないことを理由に、投票権を拒否または制限してはならない」と規定する「投票権法」といわれる憲法修正第二四条が成立した。リンカン大統領が奴隷解放宣言をしてから一〇〇年を経て、一連の人種差別法は事実上廃止された。

しかし、公民権法が成立したからといって、アメリカ社会に巣くう根強い差別意識がすぐさまなくなることはなかった。南部だけでなく、北部の主要都市の白人たちも反発して攻勢に出たため、その後、数年間は各地で暴動が起きた。「長く暑い夏」とよばれる一連の暴動事件は、五年間続いた。

相次ぐ暴動で荒れ果てた黒人地区

ワシントンも一九六八年春、大きな暴動にみまわれた。家やビルが焼き討ちにあい、それはま

南北に長い 14 ストリート。かつて白人地域の西と黒人地域の東を分ける道と言われた

さに戦場のような風景であった。

当時を知る知人によると、「夜間、東の空を見ると真っ赤に燃えていたのが見えた」という。まるで市街戦である。車で東の地区に迷い込もうものならば、近くにいた人から「窓を閉めて、早くこの地区から出たほうがいい」と警告されたという。市内に「壁」があったわけでもないのに、ワシントン市民にとって、「14ストリートから東は危ない」ということが常識であった。そこがまだNW地区であるとはいえ、14ストリート以東が黒人の多い地区だったからだ。

SEのアナコスチアで育った「最後の白人世代」というアイルランド系のジュディー・フェルドマンさんは当時、一五歳だったが、父親に「黒人は三〇〇年以上も差別され続けてきた。お前ももし黒人だったらきっと暴動に加わっていただろう」と言われたことを覚えている。

一九六八年四月四日、キング牧師が暗殺され、翌五日にかけて、黒人の住民が多かった都市、ワシントンをはじめ

キング牧師暗殺後、ワシントンでは暴動が激しくなり、まるで戦場のようであった（写真提供／議会図書館）

シカゴ、ニューヨーク、ボルティモア、デトロイトなどで激しい暴動が起きた。

ワシントンに集まった群衆は二万人となり、警察官三〇〇〇人では対処できず、軍隊が出動する事態となった。市内では九〇〇〇軒の店が焼かれ、二五〇〇人が失業したという。「黒人は自ら自分たちの街を破壊した」といわれるほど、混乱に乗じて黒人が家屋や商店に火をつけてしまうという蛮行もあり、黒人地区は荒れ果てた。

当時、ジョンソン政権は、すみやかに人種隔離法を無効としたものの、荒れ果てた黒人居住区では麻薬が売られ、ゲットー化していった。SE地区は二〇年以上、高犯罪率に悩まされることになった。

よみがえったUストリート

一九九〇年代になり、ようやくDC都市計画部は荒廃した地区の再開発をはじめた。

「街の再開発は企画をはじめてから成果が見られるまでに二〇年かかるものです」と、DC都市計画局のローザリン・ヒューイーさんは言う。荒れ果てた地域を再開発することで商業活動が

再びジャズ喫茶で賑うように
なったUストリート

暴動は14ストリートの再開発の
きっかけとなったと語るDC都市計
画局のローザリン・ヒューイーさん

活発になり、住宅地には中流層が引っ越してくるようになった。14ストリート周辺は魅力ある地域として人気をよぶようになった。

さまざまな黒人差別法の中で生きぬいてきた黒人たちの抵抗の手段のひとつは音楽であった。ワシントン生まれのデューク・エリントンが一九二〇年代、駆け出しミュージシャンとして活躍したのは、14ストリートと交差するUストリートに並ぶジャズ喫茶であった。ワシントンのジャズ・ブルースの喫茶店は、二度にわたる世界大戦の戦間期に軒並み増えていき、「黒人ブロードウェー」として知られていた。一時は停滞していたものの、九〇年代の都市再開発の努力が功を奏し、再びジャズ喫茶が賑わうようになった。

とはいっても、ワシントンは現在も、白人と黒人の住み分けが暗黙のうちに続いている。北西部のNW地区と西のジョージタウン地区に住む黒人はまだ少ない。

もしNW地区に黒人が住んでいるとすれば、弁護士や医者、ジャーナリスト、学生など中流以上、あるいはプロフェッショナルな職についた少数の黒人である。

一方、ワシントンのSE地区、アナコスチア川を渡ると黒人の多い地区が広がっている。もっとも、以前はその逆で、白人労働者の居住区の時期もあった。アナコスチア地区は、海軍基地で働く白人労働者たちの「安いベッドタウン」として開発され、一九五〇年代まで住民の九〇%近くが白人であった。アナコスチア地区がユニオンタウンと呼ばれていた頃は、黒人とアイルランド移民への土地や不動産の賃貸・売却が禁止されていた。いわばアイルランド人を除く「ホワイトオンリー地区」であった。

やがて近くに高速道路ができ、アナコスチア地区に黒人でも安く住める公共事業による集合住宅が増えると、黒人が大量に引っ越してくるようになった。結果、白人たちは郊外へと流出した。白人の住民は瞬く間にいなくなり、アナコスチアの白人と黒人の住民比はみごとに入れ替わった。現在、このあたりでは、麻薬に絡んだ事件も多く、ワシントンで最も犯罪率が高い地区として知られている。

「中流」の生活をめざし、公民権運動以後、住宅ローンを組み、不動産を購入できるようになった黒人たちは、一部、SE地区を出て、ワシントンから東のメリーランド州プリンス・ジョージ地区に大量に転出していった。しかし、ここも治安が悪くなったという印象があり、車で走ることもなるべく避けようとするワシントン市民が少なくない。

キング牧師記念碑

公民権運動を指導したマーティン・ルーサー・キング牧師の像が晴れて「モール」に加わったのは二〇一一年であった。「モール」といっても、タイダル・ベースン沿いで、ちょうどリンカン記念堂とジェファソン記念碑の中間あたりだ。

苦渋の歴史を歩んできた黒人たちに
希望を与えるキング牧師の記念碑

キング牧師記念碑は、春になると満開の日本桜に囲まれる。暗殺されたときが桜の咲く頃であったため、キング牧師を偲ぶのに最も適しているとされた。

大統領ではないキング牧師の記念碑を、リンカン、ジェファソン、フランクリン・ルーズベルトという、三人のアメリカ大統領の記念碑の近くに建てることは、キング牧師記念碑委員会の長年の悲願であった。モール周辺には国内外から年間、二五〇〇万人の人々がやってくる。モール近辺に記念碑や博物館を建設することは、それだけで大きな意味がある。9・11同時多発テロの後に建立されたとあって、爆弾を積んだトラックが突入しないよう、頑丈なコンクリートやボラード（鉄柱）のバリアで囲まれ、訪れた人にはややものものしい印象を与えている。

「希望の石」と名づけられたキング牧師の像はやや肌色がかった花崗岩で製作され、高さ約九メートル、顔の部分だけで四六トン、全体で一六〇〇トンもある。大型の記念碑を建立するためには議会の承認が必要で、その後、資金集めがされてから具体的な像のデザインが決まる。キング牧師像では、五二カ国から九〇〇の応募があったが、最終的に中国人のアーティスト、雷宜鋅が選ばれ、中国で製作し、ワシントンに移送されてきた。

当初は「黒人のアーティストを起用すべきであった」とか、巨大なキング牧師の像は「顔が険しすぎる」、「権威主義的な印象が強い」との批判もあったが、キング牧師記念碑委員会は、「キング牧師はアメリカのヒーロー」であって、黒人社会の枠に収まらない偉大な人物であったと説明している。

キッキング・ベアーとバッファロー——ジョージタウンと首都を結ぶ橋

公民権運動以後、黒人史の研究が進むとともに、インディアン研究も影響を受け、アメリカ史の中で過小評価されていたインディアンに対する評価が変わってきた。

とはいえ、ワシントンでインディアンに関する記念碑や建物は極めて限られている。屋外でみられるインディアンの彫刻を探そうとするとそれは、うっそうと茂ったロッククリーク公園の橋の装飾に行きあたる。ワシントンは市内の二三％ほどが緑地であるが、緑地はモール周辺とロッククリーク公園に集中している。

ロッククリーク公園は一八九〇年に全米で三番目の国立公園に指定された公園として、八キロ平方メートルと広大な面積を持つ。北から流れてくる約一四キロのクリーク（小川より大きい川）に沿って延々と緑地が続いており、深い緑は一瞬、ここが首都であることを忘れさせる。自転車道やジョギングコースもあり、首都に住む人間にとって身近なレクリエーションの場だ。

ワシントンの中心部から西のジョージタウンへ行くには、ロッククリークの川を越えなければならない。橋の下にはロッククリーク公園が広がっている。

ロッククリークからQストリートにかかる小さな橋は短く、うっかりしていると見過ごしてしまいそうだ。ダンバートン橋、別名でQストリート橋を下から見ると、橋の両側のアーチに、全部で二八個のインディアンの頭部の彫刻が、公園の歩道・自転車レーンを見下ろしているのがわかる。キッキング・ベアー（一八四六？—一九〇四）がモデルだ。インディアン名は、マト・ワナルタカ。キッキング・ベアーは、ラコタ（スー）族の一派であったミニコンジュー族の酋長で、一八七六～七七年にかけて西部の植民地領土（フロンティア）で戦われたブラックヒルズ戦争で戦った。西部での戦いの後、キッキング・ベアーは、刑務所に収監され、出所後は当時、流行した「ワイルド・ウェスト・ショー」の一座に加わり、ヨーロッパを巡業した経験を持つ。

キッキング・ベアーは、一八九六年、ワシントンを訪問し、インディアン局（ＢＩＡ、一八二四年設置）に、先住民の指定地区での外部からの来訪者の振る舞いやインディアンの自治

キッキング・ベアーの頭部の彫刻（上）はダンバートン橋の両側のアーチに設置されている

をめぐり、改善を訴えた。

というのも、一九世紀以降、インディアンの部族は、次々に米国政府と条約を結び、大統領行政命令のもとに設置された居留地へ移住させられていった。ある調査では、一八七一年までに、連邦政府と部族とのあいだに結ばれた三七〇以上の条約により、先住民たちは、それまで居住していた土地を追われ、二〇〇以上の居留地（リザベーション）として設置された土地への移住を強要された。そこは西部の砂漠で、インディアンが住んでいたとされる元の居住面積の一五分の一の土地であった。先住民たちは慣れない土地での生活を余儀なくされ、インディアン局の統括下に置かれ、名目上の自治権を与えられただけとなった。インディアンたちの居留地での生活は貧困を極め、アルコール中毒が蔓延した。

そして、二〇世紀初めになるとインディアンたちはさらなる同化政策を強制された。インディアンの子どもたちは幼い頃に親元から引き離され、アメリカ人としての教育を寄宿学校で受けさせられ、独自の文化や言語を継承することまで否定されたのである。

インディアンたちの意識を変えたのは、四万四〇〇〇人の先住民の青年たちがリザベーションを離れて従軍することになった第二次世界大戦であった。ナバホ・インディアンの言葉による暗号はついに日本軍に破られることもなく、ナバホの誇りともなった。新たな生活を経験した元兵士たちのほとんどがリザベーションに戻ることもなく、都市に留まった。第二次世界大戦後、都市で暮らす先住民の数は倍増したといわれる。退役軍人の中にはＧＩ奨学金を得て、高等教育を受ける者もあり、先住民の地位向上へともつながった。

一九四六年、米議会は「インディアン控訴委員会」を設立した。第二次世界大戦での貢献を讃えるとともに、インディアン部族に対するこれまでの植民地支配と人権侵害についての反省の意が表され、インディアン側からの補償請求に対処するようになった。一九七八年に連邦控訴裁判所に統合されるまで、五〇〇件以上の土地返還に関するクレームを受け、八億ドル近い補償を行っている。

一九六〇年代の公民権運動は、黒人や他のマイノリティーとともに、先住民の市民権の向上を求める意識を高めた。アメリカン・インディアン運動（ＡＩＭ）が設立されたのは一九六八年であったが、七二年、同団体はインディアン局を七日間にわたり占拠、生活向上のための二〇項目をアメリカ政府に突きつけた。なお、二〇〇〇年九月、インディアン局は、かつてアメリカ人がインディアン部族に対して行ってきた虐殺、強制移住、部族の言語を禁止したことなど、人権侵害が二度と行われないよう、正式に謝罪をした。

今日、「インディアン」といわれるのはアメリカ全土で二五〇万人あまり。インディアンの人口は統計上、増えている。一九八八年に導入された「インディアン賭博規制法」により、カジノ経営で多額の収入を得るインディアンが出たため、カジノ経営に進出して一儲けしたいという自称「インディアン」が増えているためだ。政府としては、生活保護を与えるより、賭博事業を展開させたほうが効率的と想定したのであるが、賭博で高収入を得ているインディアンはインディアンの全人口の一％にすぎない。

一方、インディアンたちが居留地を出ることは難しく、インディアンの三分の一がカリフォルニア州、オクラホマ州、アリゾナ州に集中し、アルコール中毒や失業という悪循環から抜け出すことができずに生活保護を受けるケースが多いという。

かつて黒人への蔑称であった「ニグロ」は「アフリカン・アメリカン」と変わったが、「ネイティブ・アメリカン」と呼ばれることに抵抗を覚えるインディアンも多い。エスキモー、ミクロネシア人、サモア人などすべてを含む「先住民」として総称されるより、「インディアン」という言葉に誇りを持つというのである。

近年、「インディアン」という名称を「ネイティブ・アメリカン」と言いかえるべきであるとする動きもあったものの、インディアンたちは、「呼び方を変えること自体がまやかしである」とする。従って、黒人の「ニグロ」が蔑称として死語となり「アフリカン・アメリカン」と呼ばれる一方で、インディアンたちは、「インディアン・アメリカン」と呼びかえることを好まない傾向がある。

国立アメリカン・インディアン博物館

二〇〇四年、ワシントンのモール近くに全米で初めての国立アメリカン・インディアン博物館が開館したときは、全国に散らばる二万人のインディアンたちが行進し、開館を祝った。一万年以上のインディアンの歴史をひとつの博物館で説明するのは無謀ともいえるが、インディアンの歴史を一般市民が再考するための教育的な機会を提供するということで、関心が高まった。

インディアンたちは、さまざまな部族が集まる「インディアン・オリンピック」のようなものであると喜んだ。博物館は、コレクターであったジョージ・グスタヴ・ヘイ（一八七四―一九五七）が収集した八〇万点の展示品が中核となっている。

ドイツ移民の息子としてニューヨークで生まれたヘイは、エンジニアの学位をとり、石油業と投資銀行で巨額の財をなした。ある日、アリゾナ州に出張して野営していたとき、インディアン部族の持っていた鹿の上着を買ったのをきっかけに、インディアン部族や仲介人などからインディアンの調度品を「まるで掃除機で吸い上げていくかのように集めていった」という。身長一九一センチ、体重は一五〇キロ以上、飽くなき収集癖と旺盛な行動力で知られたヘイは、小さな村へ行けば、現地の納棺夫に、最近亡くなった人の遺品にインディアンの品があったかと聞きまわり、潤沢な資金をもとに南米のグアテマラやエクアドルまで足を延ばした。ヘイは、

展示内容を常に見直している国立アメリカン・インディアン博物館

一九一六年にニューヨークにアメリカン・インディアンの博物館を設立したが、そのコレクションは一九九〇年にワシントンのスミソニアン博物館の一部となった（一部はニューヨークのマンハッタンの博物館に所蔵）。

国立アメリカン・インディアン博物館は、開館時、批判の的となった。ワシントン記念塔から南のＳＷ地区、ラウル・ヴァレンベルク広場（入口は14ストリート）にある米国ホロコースト博物館（一九九三年開館）がユダヤ民族虐殺の歴史をテーマとしたのとは異なり、国立アメリカン・インディアン博物館では、それぞれの部族の文化・慣習などに関する展示が並べられただけで、インディアン排斥・殺戮・差別の歴史が完全に欠落しているという批判だった。

インディアンたちの運動は公民権運動に勇気づけられた
（国立アメリカン・インディアン博物館の展示から）

　その後、館長が代わり、試行錯誤を続け、民族の排斥に焦点をあてた「国から国へ：米国とアメリカン・インディアンの国々とのあいだで結ばれた条約」という長期の特別展（二〇一四―二〇）がはじまった。この特別展では、いかにインディアンたちが合衆国政府と結んだ条約を次々に反故にされ、差別と貧困の中で人権が踏みにじられていったかが具体的に示された。

　かつてチェサピーク湾周辺に住んでいた先住民たちはその後、どうなったのであろうか。アナコスチア川周辺にいたナホトク族は、より大きなピスカタウェー族に吸収されたといわれる。ピスカタウェー族も長い排斥の歴史の中で独自の文化を失ったが、一九七〇年代以降、排斥とアメリカ文化への統合で二世紀のあいだ途絶えていた民族の文化と歴史を見直そうと、メリーランド州に小さな博物館を建設した。年に一回は民族衣装を着たイベントを行い、当時の生活様式を紹介している。

人種とは何なのか

アメリカの国勢調査は一八世紀末に導入されて以来、一〇年ごとに行われている。国民の基本的データを集め、税金の徴収や配分、地域の都市計画、自治体の方針など、調査結果を国民の生活に反映させることが目的だ。国勢調査は歴史資料として、アメリカ人が「人種」をどう定義づけてきたか、社会の変遷を見るうえでも興味深い。

一七九〇年、初めて行われた国勢調査では、アメリカ人が「白人、自由人、奴隷」の三つに分けられた。それが南北戦争後の一八七〇年には「白人、黒人、ムラート（白人と黒人の混血）、中国人、インディアン」の五つの分類になる。「中国人」の項目が設けられたのは、一九世紀半ばからのゴールド・ラッシュで鉄道建設のための中国人の移民労働者が急増したためで、中国人の数を把握するためだった。南北戦争の頃、カリフォルニアで最も多かった外国人労働者は中国人であった。

一八五〇〜九〇年のあいだ、「人種の色」という特別項目で、黒人を「完全な黒人、混血のムラート、その他」で分け、「肌の色」へのこだわりがうかがえる。一八六〇年の調査では新たに「インディアン」という項目がもうけられたほか、黒人は「自由黒人」か「奴隷」のどちらかで二分された。一八七〇年には黒人の混血を四分の一の「クワドルーン」と八分の一の「オクトルーン」に分け、奴隷解放後は、黒人の「色の濃さ」で特定するようになったことが読み取れる。なお、インディアンはアメリカ社会に同化して色白の場合は「白人」、その他は「黒人」とされた。つまり、インディアンは見た目によって、「白人」とも「黒人」とも分類された。

一九三〇年の国勢調査では当時の人種差別の高まりが反映されている。少しでも黒人の血が混じっている場合、見た目は白人でも「一滴ルール（ワン・ドロップ・ルール）」に基づいて「黒人」とされた。

黒人とインディアンの混血の場合は、インディアンの部族に認められていない以外、「黒人」となる場合が多かった。また、この頃、メキシコ移民が増加したせいか、以前はメキシコ人は「インディアン」と同じカテゴリーに入れられることが多かったが、今度は「白人」になった。なお、「人種」の区分けは州によっても異なり、異なる人種間（それは往々にして白人と黒人）の「混交結婚」を法律で禁止する州も多かった。

たとえばヴァージニア州は、一九二四年に導入された「人種統合法」により、人種は「白人」と「カラード（黒人）」の二つの分類しかなかったため、インディアンは「カラード」と分類された。ただし、ヴァージニアには植民地時代から祖先にインディアンがいたという家族が多い。一七世紀の初め、入植者の一人であった白人ジョン・ロルフと結婚したインディアン、ポーハタン族の酋長の娘、ポカホンタスは長いあいだ、アメリカ人とインディアンの友好関係を象徴するヴァージニア人の誇りであった。そこで、ヴァージニアではポカホンタスにちなんだ「ポカホンタス条項」をもうけた。ヴァージニアでは「例外」として、インディアンの血が一六分の一以下、であれば「白人」としたのである。つまり、祖先にインディアンがいても、それが四代以上前であれば「白人」としたのである。

一九五〇年の国勢調査によれば、アメリカの人種に関する項目は、「白人、ニグロ、アメリカン・インディアン、日本人、中国人、フィリピン人、他の人種」の七項目に増えた。この頃になると一九世紀半ばから大量に移民してきたアイルランド人とドイツ人は二度の世界大戦を経て、アメリカ社会にほぼ完全に同化していた。アイルランド系の著名人では、「オーレーガン」から「レーガン」とアイルランド人の名前に典型的な「オー」の接頭文字をカットしたロナルド・レーガン、ドイツ系では第三四代大統領となるドワイト・アイゼンハワー（ドイツ・スイス系）は祖父の代にドイツ系の Eisenhauer（ドイツ語では鉄職人）という名前から Eisenhower とアメリカ人風に綴りを変えることでアメリカ社会に適応していった。なお、祖父がドイツからの移民であるドナルド・トランプの姓は、Drumpf から名前を変えている。

一九七〇年になると、人種、部族、異なる地域のアジア人ということが考慮され、「白人、ニグロあるいは黒人、アメリカン・インディアン（わかっている場合は部族名を明記）、日本人、中国人、フィリピン人、ハワイ人、韓国人、その他」の九項目に拡張された。公民権運動の影響を受け、その後は差別的な言葉である「ニグロ」は使われなくなった。

一九八〇年の国勢調査では自分の人種を、一つのグループだけでなくいくつかの項目で明記する方法がとられた。その結果、「自分の祖先は二つ以上」と意識したアメリカ人がかなりいたのである。一番多かったのは、「白人とネイティブ・アメリカン」、次が「白人と黒人」であった。しかし、アイデンティティーが三つ以上となると複雑だ。

たとえば、有名なゴルファー、タイガー・ウッズは、「黒人」とされるが、実は父親がアフリカ系アメリカ人・インディアン・中国人の混血で、母親がオランダ人（白人）・中国人・タイ人の混血であるというから「人種」を一言では表せない。

一方、「黒人というより多人種」と明記することは、一部の黒人団体から異論が出た。黒人としての団結が弱まることを懸念しているからだ。公民権運動以後、黒人のために優先して高等教育を受けさせるというアファーマティブ・アクション（積極的差別是正措置）を受けるためにも、「黒人」であることはむしろ「有利」である場合もある。

ほかにも調査された人々の多くが新しい分類法に異論を呈した。その主な理由は人種のアイデンティティーはできれば「一つ」ということのほうが、明瞭なアイデンティティーが確認でき、帰属感が得られるというのだ。

二〇〇〇年の国勢調査では、ラテン・アメリカやミクロネシアの島民など移民を細かく分ける項目や「ひとつあるいは複数の人種を選んでください」などの項目がさらに増え、一五項目の中から選ぶようになった。

こうしてみると、アメリカ人が、いかに最近まで「白人」にこだわり、有色人種との差別化をはかってきたこと、時代ごとに人種の定義づけが大きく変化していることが読み取れる。分類法によっては同じ人間がいくつもの「人種」に分けられることに、改めて人種とはなにかと考えさせられる。

エスニックな首都

ワシントンには、七万人以上の移民がいる。時代により変化する移民たちの顔は、政治難民として戦争や内戦があったエチオピア、ナイジェリア、ベトナム、ラオス、カンボジア、エルサルバドル、コロンビア、韓国……、実に多様だ。知人が知人を頼り、外食産業、タクシー運転手、雑貨店などをまず営む。そして移民たちの多くはワシントンを終の棲家とするより、別の場所に移動するための中継点としてみなしている。

「ワシントンほど国際的な街はない」とカレン・デビットさんは言う。四〇年近くワシントンに住んでいたデビットさんは、ラジオの報道記者、ワシントン・ポストやＡＢＣテレビに勤めたジャーナリストだ。デビットさんによれば、ワシントンは常にさまざまな人間が来ては通り過ぎる一種の無国籍的なところがある。この小さな街には、移民の顔と同じ数のエスニックなレストランがあるという。

現在、アメリカが抱える最大の移民問題に、合法あるいは非合法の「ヒスパニック問題」がある。ただし、これは人種をさすわけではない。「ヒスパニック系」はスペイン語を第一言語とするアメリカ人を指す。すなわちスペイン語を共通の日常語として使うラテン系の住民たち、キューバ、メキシコ、プエルトリコなど、多岐にわたる移民たちのエスニシティー（民族性）である。

現在、ヒスパニックはアメリカの一六％の人口を占め、黒人の数を上回ったといわれる。このままヒスパニック系移民が増え、出生率が上がると、二〇五〇年ごろにはアメリカ人の三〇％、およそ三

ワシントンほど国際的な街はないと語るジャーナリストのカレン・デビット氏

人に一人がヒスパニック系となり、「アメリカ人の顔」が変わるとさえいわれている。

ワシントン市内でも近年のヒスパニック系移民の増加は目をみはるほどである。ヒスパニック系移民の一〇人に一人が英語が話せないといわれ、たとえばヒスパニックが多いNWのアダムス・モーガン付近では、スペイン語で話している人が多い。スペイン語の本屋さんもあれば、銀行員もスペイン語で対応し、エジプト人の店主でさえスペイン語を話していた。

米国の将来は「ヒスパニック化」か

国勢調査に「ヒスパニック」という定義を提案したのは、テキサス出身の小柄なグレース・フローリス・ヒューズ氏だ。米国保健教育福祉省に勤めていた一九七〇年代、増える「スペイン系」移民を国勢調査の様式にどう表記するか論議されているとき、ヒューズ氏は、「ヒスパニック」という言葉が適切であると提案した。他の同僚が主張していた「ラティーノ」という定義ではポルトガル人やスペイン人を含んでしまうため、メキシコ系、プエルトリコ系、キューバ系、中央アメリカ諸国からのすべての南米移民を総称して「ヒスパニック」が最適であるとし、譲らなかった。少女時代、「汚いメキシコ人」と蔑まれてきた彼女の意地もあった。

「ラティーノ」ではなく「ヒスパニック」を主張したヒューズ氏

ヒューズ氏は、テキサス州南部の街で育った。そこはアメリカでも最も人種隔離政策が厳しく定着していた地域で、白人社会とメキシコ系アメリカ人が接触しないよう、夜間時にそれぞれの地区に帰らない場合、警察に呼び止められるほどであった。

数年前、ヒューズ氏は自分がどこから移民してきたのか関心が

英語の読み書きができないヒスパニック・コミュニティのための
スペイン語の新聞も出回っている

あったので、ＤＮＡ検査をしてみた。すると意外なことにスカンジナビアが二〇％、四〇％がスペイン人、ネイティブ・アメリカンが四〇％、であった。つまり六〇％が一般定義からすると「白人」であった。見た目はヒスパニックでも、実は「白人のＤＮＡ要素」のほうが多かった。

ヒューズ氏は、「異なる人種間では混血が進んでいるため、あと一〇〇年もすると何系か外見だけからはわからなくなるかもしれないことで、人種そのものの定義が変化するかもしれない」とも言う。

しかし、現時点でヒスパニック系に関していえば、移民としてやってきてまず就くのが単純労働であるため、かつての黒人のように社会からの偏見が強い。

というのも英語を話さないヒスパニック系

パーティーに行けば、いかにワシントンが国際的であるかがわかる

移民は、まず一般アメリカ人がやりたがらない家事労働や清掃、時給の安い給仕や工場の仕事に就いている場合が多く、単純労働者として社会の底辺の仕事をしている。移民受け入れ反対派は、ヒスパニックの流入を減らそうとするが、受け入れ賛成派は、彼らの次の世代は「アメリカ人になる」と主張。かつての黒人のように、移民の次の世代は、高等教育を受け、ホワイトカラーになるヒスパニック系が多くなるというのだ。実際、二〇〇九年、両親がプエルトリコからやってきた移民として初めて連邦最高裁判所の判事に指名されたソニア・ソトマイヨールのように、社会の階段を上がったヒスパニック系市民も現れている。

筆者が招待されたメリーランド郊外の、ある別荘のパーティーでは、ホストがユダヤ人と黒人のカップルだった。二人とも弁護士で、別荘では約三〇〇人の訪問客がガーデン・パーティーを楽しんでいた。ふと台所を除いてみると、お手伝いらしいヒスパニック系がスペイン語を話しながら食事の用意や片付けに追われていた。アメリカ社会で長いあいだ差別されていたユダヤ人と黒人が成功者となり、低賃金労働をヒスパニックが担っている、この構図はアメリカ社会の変化を示している。

一方、アメリカの都市部では、白人の子どもたちがマイノリティーになっているところも多く、つまり次の世代となる彼らが社会の中核を成す二〇四〇年ごろに、白人がマイノリティーになるという統計予想もある。このため、中流以下の白人が抱く不安は、移民流入制限や外国人差別とつながり、大統領選にも大きく影響している。ヒスパニックは、多くが厳格なカトリックで保守的であるため共和党支持者も多い。これまで差別されてきた黒人、アイルランド系移民やユダヤ人などと比べ、まだヒスパニックたちの団結は弱いものの、近い将来、強大な政治的パワーを持つ可能性を充分に備えている。

かつてロバート・ケネディ司法長官は、公民権運動で黒人たちから絶大な支持を得たキング牧師にアメリカの将来を重ねてみたのか、「あと二〇年もすれば黒人の大統領が現れるだろう」と語ったという。このままヒスパニック系が増え続けると、ヒスパニック系の名前の大統領が現れるのも時間の問題かもしれない。アメリカは確実に「ヒスパニック化」、あるいは「ラテン化」へと向かっている。

VII

21世紀のナショナリズムと戦争

ニュージーアムに展示されている、9・11 同時多発テロで崩壊したツインタワーのアンテナ

爆弾を搭載した乗用車やトラックが突入できないようにするバリア

高まるセキュリティー・パラノイア

二〇〇一年九月一一日の同時多発テロでワシントンは様変わりした。

政府関連の建物をはじめ、記念碑や博物館の周辺をめぐるセキュリティーが厳しくなり、入館制限がされているところも多い。入館が可能な建物や記念碑は訪問日をさかのぼり、かなり前からネットで予約しないかぎり、入ることができなくなった。そして主だったランドマーク（国の象徴的記念碑や建物）に入館するためには、金属探知機によるチェックはあたり前となり、二重にチェックされることも珍しくない。

アメリカ国籍を持っているレバノン出身の知人が、外国旅行から再入国しようとした際、「アメリカで生まれたアメリカ人なのか、それとも〈ナチュラライズド（アメリカで国籍を申請して取得した元移民）・アメリカ人〉か」と聞かれるようになったと苦笑する。同時多発テロ以降、アメリカのセキュリティー意識は、「パラノイア」ともいってもよいぐらい、高まる一方だ。

ワシントン記念塔のまわりも爆弾を搭載したトラックなどの突入を想定して、それとなく周囲に段差が設けられた。また、政府関連の建物の周囲には、ものものしい鉄の「ウェッジ・バリア」、もとは道路を区切るために使われていたコンクリートの「ジャージー・バリア」、鉄の低いプレート、必要なときに応じて地中から出てくる太い鉄柱（ボラーズ）、赤外線を使って警報を出すビーム・バリアなどが設置された。これらは不審な車両やトラックなどの大型車両が爆弾を積んで突入してくるのを防ぐ。

ニュージーアムに展示されたNYツインタワーのアンテナ

ペンシルヴェニア通りのニュージーアムは、二五万平方フィートの面積を誇る大型博物館だ。ニュージーアムはニュースとミュージアムの造語で、一九世紀から現代までのアメリカ史をニュースを通じて辿る博物館である。

館内にはNYの同時多発テロの「遺跡」として、ニューヨークのツインタワーの屋上のテレビ塔が展示されていて、見学者たちはみな無言で塔を見つめていた。見学者の中にはリアルタイムで同時多発テロを体験していない子どもたちも多く、「九月一一日」が歴史となりつつあること

次世代を担う若者たちにメディアリテラシーの
大切さを伝えるニュージーアム

が実感される。

同時多発テロに続くアフガニスタン、イラクでの戦争では、メディアに対する取材規制が厳しく行われるようになった。

かつてベトナム戦争では従軍記者たちが戦争の悲惨さ、非道理さを報道したことで、国民のあいだで反戦意識が高まり、「お茶の間で負けた戦争」といわれた。ベトナム戦争の経験から、政府は報道を制限しないかぎり戦争への支持は得られないことを学び、イラク戦争からは記者たちに「エンベッド制」が導入された。軍の庇護の下で兵士たちと寝食をともにして取材し、軍に完全に服従、追随しながら報道の内容にも制約を受けるシステムである。

本来、マスコミは、大統領を含め、権力者が不正を行えば解任させるだけの権力を持つ「権力を監視するウォッチドッグ（番犬）」であった。しかし、インターネットの普及で新聞や雑誌という従来のプリント（紙）メディアの収益が悪化し、多くの日刊新聞が廃刊に追い込まれ、大手テレビ局も大企業に買収・合併された。

マスコミの軌跡をたどる博物館をペンシルヴェニア通りに建てたことは、「第四の権力」としての存在意義を示すこの上ない広報活動である。政府からの援助がない分、運営資金は主に民間のメディア企業からの寄付、一部をマンションにして貸し出して得る家賃、入場料でまかなうことで独立性を保っている。「博物館もビジネスであるため、特定の資金提供者に頼らず中立性は保ちたい」（館長）という。

ニュージーアムは、なによりも「ニュースの消費者」になる次世代の若者たちに、一つのニュースソースに頼るべきではなく、異なる多くのメディアを読まないと良いニュースは得られないということを教育する場でもある。毎日世界中からメールで送られてくる八〇〇種の新聞の一面を集め、その中から八〇の紙面の第一面を博物館の外壁の窓ガラスで読むことも可能だ。子

命を落とした従軍記者たちの名前と写真が並ぶ「ジャーナリスト記念碑」

どもから大人まで、見学者がテレビレポーターとなって実際にカメラの前に立つことができるコーナーや、インタラクティブな面を重視したテーマパーク的な要素が強い。

館内の「ジャーナリスト記念碑」は一八三七年から世界中で命を落とした戦争特派員約二〇〇〇人の名前が刻まれている。そこにはＵＰＩの報道カメラマンとしてベトナム戦争に従軍し、一九七〇年に命を落とした沢田教一の名前もある。戦争を報道するジャーナリストは「いかに死と背中合わせでニュースを伝えているか」を説明し、「メディアの活動は社会にとって不可欠」というメッセージを強調している。

ペンシルヴェニア通りの海軍記念碑

ニュージアムから北西へ二ブロック行くと、「海軍記念碑プラザ」（ネイビーメモリアルプラザ）

海軍記念碑プラザ

がある。海軍の博物館、記念碑、四〇〇〇人の座席を擁する屋外のコンサート劇場としての役割も担う広場である。

広場は円形の池で囲まれ、噴水もある市民の憩いの場ともなっているが、歩道と区切る低い塀には、海軍の歴史が二六枚のブロンズの連作画で表現されている。東側には小さな記念博物館もあり、交通の便が良いため、ワシントンの東に位置するネイビーヤードより訪れやすい。

海軍記念碑の広場にただ一人たたずむのは水兵の像「ローン・セイラー」。海に出れば誰しも一人、そんな孤高の海軍兵の姿を現している。海軍だけでなく、海兵隊員や国境警備隊、輸送船団（マーチャント・マリーン）など、海に関連するすべての「海の男たち」に捧げられる像だ。

戦争では、実際に戦地に赴いて戦う人々以外に、

上：海の男たちに捧げる「ローン・セイラー」像（海軍記念碑プラザ）。下：海軍と海兵隊の兵站部門を担った「シービー隊」を称える像（アーリントン墓地へ続くメモリアル通り）

兵員や物資の輸送といった兵站部門、整備や陣地構築などのインフラを支える人員も不可欠である。「シービー」たちも重要な海の男たちである。海軍記念碑は「縁の下の力持ち」としてシービーたちの活躍も忘れていない。シービーとは、工兵にあたるコンストラクション・ビルダーズ（ＣＢｓ）、その頭文字から別名Seabees（海のハチ）とも呼ばれ、ハチの針を模してコンクリートを掘る姿がトレードマークになった。

シービーは一九四二年三月、第二次世界大戦中に海軍と海兵隊のために編成された、七つの技術を持つ特殊エンジニア集団である。電気技師、土木技師、機械オペレーター、鍛冶職人、石工やコンクリート技師、大工などが、金属・石・コンクリート・木材などあらゆる建設資材を駆使してインフラを構築する。第二次世界大戦で彼らは、一一一の航空基地、四四一の埠頭、

ＳＥ地区にあるネイビーヤードは建国以来、最大の造船所だった

二五五八の弾薬庫、七〇〇の倉庫、ときには戦地で道路さえも建設した。七万人分の野戦病院を建設し、一億ガロン分のガソリン貯蔵庫、一五〇万人分の兵舎を建設したのもシービーたちだった。

ネイビーヤード

アメリカ海軍の歴史と誇りを物語るのは、ＳＥ（東南）地区にあるネイビーヤードである。付近は、最近の再開発で高層マンションが建ち、川沿いが整備されて公園やレストランもでき、再開発が徐々にワシントン南部に広がっていることがわかる。

一七九八年にアメリカで最も古い海軍基地としてできたネイビーヤードは、一八一二〜一五年の第二次米英戦争で首都防衛のための重要な戦略拠点を担い、議事堂や大統領官邸同様、まっさきにイギリス軍の攻撃を受け、一部は焼き討ちにあった。

建国以来、ネイビーヤードはアメリカで最大の造船所として、「ワシントンの海軍地区」の代名詞でもあった。時代とともに常に最新の技術で軍需品の製造を行ってきたネイビーヤードであったが、第二次世界大戦をピークに「現役時代」を終えた。戦後になって、船が大型化するにつれてこのあたりの浅瀬では船の出入りが難しくなったためである。

ネイビーヤードでは、ピーク時に二万五〇〇〇人の職員が働いていたが、魚雷や船に搭載する精密機械の製造と開発の時代を迎え、一九六〇年代に兵器の製造を終えた。現在は海軍の事務所と博物館に転用され、海軍の式典を行う場所となっている。広大な敷地の奥には博物館があり、海軍がいかに発展してきたかを小規模ながら簡潔に説明している。博物館には独立戦争の頃開発された時計付き魚雷や大砲、一人乗りの木製小型潜水艦のプラモデルなど、数々の発明が陳列されている。

一八六〇年、咸臨丸に乗って太平洋を渡ってきた徳川幕府の外交使節団が歓迎されたのもネイビーヤードであった。リンドバーグが大西洋横断を成功させて帰国したときもネイビーヤードで迎え入れられた。

ペンタゴン記念碑

ペンタゴン駅の地下鉄を降りると、迷彩服を着た兵士もみられ、通路は心なしか緊張感がただよう。外に出ると、夕暮れどきのペンタゴン記念碑は、人影もまばらであった。

9・11同時多発テロでは、ニューヨークの二つのビルのほか、アーリントンにある国防総省のビル、ペンタゴンにアメリカン航空（AA）の七七便が激突し、乗客と搭乗員、そして国防総省職員の一八四人が一瞬にして亡くなった。こともあろうに国防の牙城を攻撃されたのだから、アメリカ人にとってショッキングであったことこの上ない。そのとき、ペンタゴンは一二年計画ではじまった戦後最大の改装工事の第一工程を終えたばかりであったため、空室であったオフィスも多かったという。

同時多発テロまで、国防総省の警備は決して厳重とはいえない時期が長かった。ベトナム戦争の反対運動が活発だった頃、爆弾をしかけようとしたテロリストが一年間毎日のようにペンタゴンの食堂で昼食をとっていたという逸話のほか、ある〝つわもの〟はペンタゴンのある一室を自分の事務所として二年近く使っていたというケースもあった。ペンタゴンへの見学者たちが自由に出入りができた時代、地下鉄からエスカレーターでそのままロビーに行くことができたのどかな時代は、同時多発テロで一変した。

AA77便が激突したペンタゴンの東側には、一瞬にして亡くなった乗客と国防総省の職員たちのためにペンタゴン記念碑が作られた。飛行機が激突したという角度で一方だけが支えられ

同時多発テロで「戦争の司令塔」であるペンタゴンが攻撃されたことは、アメリカの人々に大きな衝撃を与えた

ているベンチは、乗客を表す五九のベンチが一方を、国防総省の職員たちを表す一二五のベンチが別の方向を示し、機上と国防総省の犠牲者を分けている。それぞれベンチの下には小さな水槽が設けられ、最年少の三歳から最年長の七一歳の犠牲者まで年齢順に並べられている。ペンタゴン記念碑には、モニュメントというより墓地のような静謐さが感じられる。

ペンタゴンは現在、少人数グループに限り入館が許されるものの、見学希望日のかなり前から入館申請をする必要がある。

ペンタゴン記念碑近くで写真を撮ろうと近寄っただけで、マシンガンを持った兵士が近づいてきた。記念碑の撮影はよいが、ペンタゴンの建物方向にはカメラを向けないように、ということであった。現在、二万三〇〇〇人の職員を擁するペンタゴンは、それ自体が小さな街のようであるが、そこはアメリカの「戦争の司令塔」でもあるため、警備は極めて厳重である。

丘の上の空軍記念碑と増えるドローン攻撃

ペンタゴンから西の空を見上げると、空軍の巨大なアーチが見える。

空軍は二〇〇六年、ペンタゴンを見下ろす小高い丘に記念碑を建設した。記念碑広場には、空へ向かって突き出す角のような三つのアーチがそびえたち、遠方からも巨大な記念碑であることがわかる。

記念碑の下に立ってみるとその大きさに圧倒される。アーチ一本の重さは六〇〇トンもあるというのだから、スケールの大きな記念碑である。三本のアーチは長さが二〇一、二三一、二七〇フィート（それぞれ六一、七〇、八二メートル）と異なり、下方に

空軍記念碑

ある空軍兵士の等身大のブロンズ像と比べてみると、いかに大きいかがわかる。アーチは男性の背たけの四〇倍以上である。

飛行機の発明と技術の発展で、陸軍に航空部隊が設立されたのは一九〇七年であった。第二次世界大戦後、陸軍から独立し、米国空軍（ＵＳＡＦ）となったのは一九四七年のことである。いまや米国空軍は世界で最高の技術力をもつようになった。

長い間、空軍に入隊することは、空を飛びたいという若者のあこがれのまとであった。航空部隊創設以来、五万三〇〇〇人のパイロットが命を落とし、パイロットの命を守ることは空軍の最優先課題であったが、パイロットの役割は、近代兵器とテクノロジーの進化で、変容しつつある。

必要とあれば一日以上飛び続け、数十キロ離れた上空から基地に映像を送り続け、地上にいる人間たちに感知されることなく上空から爆弾を落とすことを可能にする無人航空機、別名ドローンが増えてきたことは、空軍のイメージを変えた。本来、空を飛ぶはずの「パイロット」が今は、コンピューター画面を見ながらドローンを飛ばし、画面だけをたよりに爆撃の判断を下す。二〇〇一年の同時多発テロが起こった頃、わずか五〇機ほどであったドローンはその後の一〇年で約七〇〇〇機になったと報道され、ブッシュ大統領の頃のドローン攻撃に比べると、オバマ大統領はその五倍に増やしたともいわれる。

ドローン開発はまるでＳＦ映画のごとく、進化している。小型化も追求され、「レイヴン」（通称カラス）は両翼わずか一メートル、重量は二キロで紙飛行機のように手で空に向けて飛ばす。さらに小さいのもある。地上軍が道を歩いているとき、死角に敵が潜んでいるかどうかを探知する「ハミングバード」（通称ハチドリ）は全長一〇センチ、両翼の長さは一六・五センチで、ハチドリのお腹の部分にあたるところに一八グラムのカメラが搭載され、羽根だけをぶんぶん回しながら、最高時速一七キロで飛ぶことができるという。小型化はそこで留まらず、「未来のドローン」として「虫」サイズのドローンも開発中で、実用化は二〇三〇年を目指している。

当初は、アメリカ兵の戦死者を減らすということが最大の目的であった兵器開発だが、今ではそのようなこととはまるで関係ないかのように、ぐんぐんと進化するテクノロジーで、戦車や装甲車などの無人化も追求されつつある。ドローンの普及は、空軍だけでなく、アメリカがどのように戦争を行うか、その戦略を大きく変えていくにちがいない。

海兵隊の記念碑と博物館

ヴァージニア州のクアンティコにある海兵隊博物館は、軍関連の博物館としては今のところ最大規模である。クアンティコはワシントンから三六マイル（約六〇キロ）離れているため、車がないとアクセスしにくい。

海兵隊の記念碑では、長いあいだアーリントン墓地の手前にある硫黄島記念碑が代表的であっ

アーリントン墓地の硫黄島記念碑

た。第二次世界大戦の記念碑として、一九五四年一一月、海兵隊創立一七九周年を記念して除幕された硫黄島記念碑は、リンカン記念堂から西に延びるアーリントン記念橋を渡り、アーリントン墓地に到達する手前を右に曲がり、小道に沿って歩いた緑地にある。海兵隊は、海軍に吸収されることを懸念し、常に存在感をアピールしようとする。海兵隊の展示物は、海軍とともにネイビーヤードの博物館に含まれていたが、海兵隊博物館の建設で、海軍博物館からもついに「独立」したわけだ。陸軍、海軍、空軍、海兵隊、沿岸警備隊（コーストガード）の五軍はライバル心が強く、博物館や記念碑建設でも競いあっているようだ。

海兵隊の博物館は、正面から見ると、その形はまさに硫黄島で星条旗を立てるイメージである。同時多発テロから五年後、二〇〇六年に開館したこの博物館は、海兵隊の訓練場に隣接し、ヴァージニア州、クアンティコの不便な場所にあるにもかかわらず、毎年五〇万人が訪れている。

　博物館の面積は九三〇〇平方メートル、展示されている兵器はすべて実物大だ。合衆国建国以来、海兵隊が戦ってきた時代ごとの戦争を、等身大の兵士、輸送機や各種乗り物、戦車なども実物大でジオラマの情景描写で展示空間を構成している。海兵隊博物館が建っている場所は、軍の所有する土地であるため、広い敷地を利用して実物大の兵器を展示する巨大な施設となった。

上：海兵隊博物館。下：実物大の兵士・兵器が展示され、戦場の風景がリアルに体感できる

　アメリカの海兵隊は、独立戦争でイギリスのロイヤル・マリーンズ（海兵隊）を真似て一七七五年に創設された。最初の海兵隊員がリクルートされた場所は居酒屋で、泥酔したところで入隊する文書にサインをさせたという。

　一九世紀末に海軍力が増強されると、海兵隊不要論が強まり、存続する理由を模索しなければならなかった。そこで、海軍や陸軍との差別化をはかり、自らの存在を誇示するために独自の案を打ち出した。

米軍が行う戦争にとって海兵隊を不可欠にしたものは、攻撃的な水陸両用作戦を適用したことだ。浅瀬での上陸作戦用の舟艇、戦車やトラックの運搬に使う上陸用平底船、水陸両用の装軌車など、ハードウェアの面で装備を強化し、敵の攻撃の最中に強行上陸をするための厳しい艦隊上陸演習が行われた。第二次世界大戦で日本軍の守備隊が駐屯する南洋のタラワ島、ガダルカナル島、サイパン島、硫黄島などで敵前強行上陸を行った海兵隊は大戦後、アメリカ四軍の中では兵員数では劣るものの、その地位を揺るぎないものにした。ちなみに国防総省によれば、二〇一〇年の兵員数は、陸軍約五六万六〇〇〇人、海軍約三二万八〇〇〇人、空軍約三三万四〇〇〇人に比べ、海兵隊は約二〇万二〇〇〇人である。展示室には、硫黄島で押収された日本軍の遺品も陳列され、アメリカ軍が日本兵に投降を促す血のりのついたビラがあったのは印象的であった。

首を敵の刃から守るために黒い皮製の襟を首につけていたことから、海兵隊員は別名「レザーネック」と呼ばれている。いまや陸・海・空の機能を持ち、オールラウンドの即応部隊として世界に類をみない軍隊に成長した。海兵隊員の基礎訓練（ブートキャンプ）は、軍の中でも特に過酷といわれ、陸軍の一〇週間、海軍の九週間に比べ、一三週間と長い。海兵隊が生んだ多くの言い回しの中でも「ワン・ショット、ワン・キル」（一発一殺）という言葉は、すべての海兵隊員がまずライフルマンとしての訓練を徹底的に叩き込まれることを示している。

また、「海兵隊員は生涯、海兵隊員」(Once a marine, always a marine) といわれるように、引退後も海兵隊員たちは、上官・下士官を問わず結束が固く、元海兵隊員というだけで、協力しあい、再就職をはじめさまざまな相談にも熱心に応じるといわれる。

戦争記念碑や博物館が次々に増設されていく背景には、戦争に赴いた退役軍人たちの熱意もあるが、軍の功績を示すことで、兵士を募るための〝リクルーター〟としての役割もあることは否定できない。

公文書館と戦争の記録

ワシントンには、連邦準備銀行制度委員会、環境保護庁(EPA)、連邦取引委員会(FTC)、証券取引委員会(SEC)、航空宇宙局(NASA)など、連邦政府の予算を得ている独立省庁が二〇〇以上ある。

国立公文書館(NARA)も独立省庁のひとつで、本館はペンシルヴェニア通りにあると前述した。一九三四年、フランクリン・ルーズベルト大統領により設立され、一九八五年に独立機関となったNARAは、NARA―IとNARA―IIに分かれ、二〇世紀以降の資料は新館のNARA―IIとしてメリーランド大学敷地内のカレッジ・パークに保管されている。

日本の現代史研究者にとって資料の宝庫でもあるNARA―Ⅱでは、「大日本帝国政府記録公開法」が二〇〇〇年に連邦議会で可決されたことにより、二〇〇七年一月までに新たに一〇万ページにおよぶ旧日本軍の戦争犯罪に関する資料が公開された。その中にはアジア太平洋戦争開戦直後の一九四二年、日本への心理作戦と天皇の処遇に関する「日本プラン」も含まれていた。

「情報を制するものは、世界を制する」、あるいはその逆で「世界を制するものは、情報を制する」――民主主義国を標榜するアメリカにとって、文書の公開は「民主主義の成熟度を測るバロメーター」でもある。しかし、当然、米国にとって都合のよい情報はまっさきに公開されるが、そうでないものはなかなか公開されない。

なお、文書によっては一度公開されて再び非公開となる場合もある。NARAの情報開示と資料請願権は、一九六六年に法制化した情報公開法、いわゆる「国民の知る権利」の基本をなしている。ところが、一九九五年から、それまでに公開されていた文書でも「国家の安全上機密指定すべき」と見直しがあった文書、二万五三一五点が非公開となった。同時多発テロ前後から、公開されていた文書が非公開となる傾向は強まり、一九九九年以降、五万五〇〇〇ページもの文書がエネルギー省とCIAなどの諜報機関の請求により再び公開禁止となった。開示が禁止となった文書の中には、禁止の必要性に疑問が残るものも多数あり、開示と非開示の基準が一定ではないこと、さらに「再開示禁止プロジェクト」が秘密裏に行われたことは、批判の的となっている。

メリーランド州にある国立公文書館（NARA－Ⅱ）には日本から押収された文書が所蔵されている

一年分の公式文書から二～五％の文書を厳選して保管すると言われているが、資料の量は増え続け、ＮＡＲＡ―Ⅱでは文書の管理が困難になってきている。デジタル化プロジェクトも進んでいるものの、文書をスキャンすることは膨大な時間を要し、容易ではない。

ＮＡＲＡ―Ⅱで最も頻繁に閲覧されるのは移民調査関連の資料のほか、軍の在籍記録であるという。二回にわたる世界大戦で、アメリカの退役軍人の数は激増し、それに応じて軍関連の資料の保管も年金その他の請求のために、膨大な数となっている。

退役軍人省（ＶＡ）によるとアメリカにはおよそ二二七〇万人の退役兵士がい

る。VAは、年間の予算額では国防総省の七分の一であるとはいえ、現在、アメリカ政府で国防総省に次いで二番目に大きな省である。兵士たちが母国に戻ってまず連絡するのは、VAである。しかし、膨大な文書を扱う同省にどのように医療費などを申請するべきか、兵士たちは情報を必要とする。希望した福利厚生が得られないことが多いため、各種の退役軍人の会が情報を集め、帰還兵の支援を行う。

VAは、二八万人の職員を擁し、国内外の軍関係の医療施設の運営、退役軍人とその家族への年金や医療費、再教育、住宅ローン、生命保険などの福利厚生、戦死した兵士の埋葬や遺族への補償など、多岐にわたる事務を担っている。

対テロ戦争以降、アフガニスタン、イラクから帰国した兵士の中で、PTSD（心的外傷後ストレス障害）の診断を受ける元兵士たちが大幅に増加している。市街戦が増え、安全地域と危険地域の境がわかりにくくなったためだろう。街頭で爆弾があちこちにしかけられ、戦争がハイテク化したことで、人間が対応しにくくなったこともある。中東の戦場からアメリカの平穏な自宅に帰還したとき、そのギャップは大きく、以前の環境への適応が難しい。帰還兵の五人に一人がPTSDの症状を訴え、中東から帰国後、自殺する兵士もあとをたたない。長引く対テロ戦争で、すでに六〇〇〇人の兵士が戦死したが、毎年三〇〇人ほどの兵士が帰国後に自殺している。

ジャパニーズ・アメリカン記念碑

日系人への「謝罪碑」

ワシントンのユニオン駅と議事堂のあいだ、Dストリートとニュージャージー通りの三角の土地に、ジャパニーズ・アメリカン記念碑がある。正式名で「第二次世界大戦の日系アメリカ人の勇気を讃える記念碑」の除幕式が二〇〇〇年に行われたとき、ジャネット・レノ法務長官は、ビル・クリントン大統領からのメッセージを読み上げた。

「私たちはどのようなアメリカ人もその出身により不当な扱いを受けることを許さない。この記念碑と収容所跡は、ステレオタイプ化、差別、憎しみと人種差別がこの国にあってはならないことを思いださせる象徴である」

クリントン大統領はメッセージで、「これほどひどく扱われた人々が国に尽くしたことはなかった」と結んだのは、戦時下、西海岸からアリゾナ州などのキャンプに収容された日系人のうち六〇％以上がアメリカ生まれの二世であったこと、アメリカ人として国に忠誠を誓い、三万人の日系アメリカ人の男女が軍隊に志願したことを指している。公民権運動以降、黒人をはじめとするマイノリティーが市民権を得ていく流れの中で、日系人に対する第二次世界大戦下における強制収容を謝罪する動きは遅かったといえるかもしれない。原爆に関してはかたくなに戦争責任を認めることはないが、鉄条網にがんじがらめにされる鶴の像は、戦争で苦しめられた日系人に対する事実上の謝罪といえる。

記念碑は、低い塀で囲まれ、池を囲む壁には各収容所の名前と収容された人数が刻印され、戦死した八〇〇人の日系人兵士たちの名前も列記されている。国への忠誠心の証しとして軍に志願した日系人兵士で編成された四四二部隊は、勇敢な Go for broke（いちかばちか）部隊と呼ばれ、ドイツ南部にあるダッハウ強制収容所を解放したことでも知られている。記念碑建設の発案者は日系兵士部隊の Go for Broke 退役軍人の会であった。

第二次世界大戦中、同じ敵国であったドイツ人とイタリア人は、ドイツ人が一万一〇〇〇人ほど、イタリア人は三〇〇人が一時的に拘留されただけであった。当時、アメリカに居住していた日本人（移民一世）は九万人、ドイツ人は三一万人、イタリア人が七〇万人で、ドイツ人とイタリア人を拘留することは数からしても難しかったのかもしれない。三人に一人が日系移民であったハワイでは一四万人の日系人がすべて収容されることはなく、強制収容の対象となったのは主にワシントン州、オレゴン州、カリフォルニア州の二世を含む日系人一一万二〇〇〇人であった。

フォード大統領は一九七六年、日系人の収容を命じた大統領行政命令九〇六六号が無効であると署名、カーター政権下で「戦時下市民移住収容を調査する委員会」が設けられた。しかし、報告書が完成するまでにはさらに六年という長い年月を要した。

報告書ではようやく、戦時下にアメリカ政府が日系人に対してとった処置は正当性がなく、米国民の戦時ヒステリー、人種的偏見、そして政治手腕の欠如のために、日系人の収容、排斥という差別につながったと指摘された。そして、一九八八年八月、レーガン大統領は「市民の自由法（通称、日系アメリカ人補償法）」に署名、生存している元強制収容者に対して一人あたり二万ドルの補償金を支払うことを約束し、日系アメリカ人の強制収容体験を伝えるための教育基金も設立された。同年には二度とアメリカ市民の自由が束縛されないよう、法律も制定された。日系アメリカ人の体験は、無知と偏見を除くためにたたかってきたアメリカの理想とは矛盾した経験として、アメリカ人の記憶にとどめられることになった。

三つの退役兵士たちの会

二〇世紀初めごろから海外の戦場から帰郷した兵士たちによって、各地で退役軍人の会が組織されるようになった。その数は大小さまざまで、人種、従軍の場所、帰国後の状況などによって、目的や趣旨も異なる。

第一次世界大戦後に組織された三大退役軍人の会は、いずれもワシントンの中心部にオフィスを構えている。その三つとは、「アメリカン・リージョン（American Legion〈米国在郷軍人会〉、会員数二五〇万人）」、「外国戦線退役軍人の会（The Veterans of Foreign Wars of the US〈VFW〉、会員数一六〇万人）」、そして「アメリカ傷痍軍人会（Disabled American Veterans〈DAV〉、会員数一二〇万人）」である。

会員数で最大のアメリカン・リージョンの本部はロビイストの目抜き通りで知られるKストリートにある。全国に支部が一万六〇〇〇カ所。一九一九年、議会の承認を得て組織されたアメリカン・リージョンは帰国した兵士たちが社会に復帰するためのプログラムを多岐にわたり援助している巨大なロビー団体である。

アメリカン・リージョンのビルの壁にそびえたつ頑強なイメージの一兵士の像は、「アメリカの敵」を象徴する蛇を踏み潰している。モデルとなったのは、第二次世界大戦中、フランスで

右：「アメリカン・リージョン」はアメリカで最大の退役軍人の会
左：「外国戦線退役軍人の会」の記念碑

敵のドイツ軍の砲撃をかえりみず仲間たちを命がけで救った少佐だ。

コンスティテューション（憲法）通りと2ストリートの角にある「外国戦線退役軍人の会」（ＶＦＷ）の本部前には三角の筒状の記念碑が立っている。三つの面には、いずれも縦に四枚ずつアメリカが戦ってきた外国の戦場を描写するレリーフとなっている。メインのレリーフには、「アメリカ合衆国は、侵略を試みるいかなる勢力も我々の平和と安全を乱すものとみなす」という言葉が刻印されている。

退役軍人の会には、一人で複数の組織に属するメンバーがいることも、各団体の会員数が多い理由でもある。たとえば、外国で従軍した元兵士であれば、アメリカン・リージョンと外国戦線退役軍人の会の両方に加盟できるし、さらに負傷していればＤＡＶに加わることもある。

「傷痍軍人の記念碑」は車いすでアクセスしにくいと不評でもある

数々の戦争を戦ってきたアメリカのことである。ほかにもパープル・ハート（戦地で勇敢な行動を貫いた兵士に送られる勲章受章者）の会、カトリック兵士の会、空軍の会、陸軍の会、ベトナム兵士の会、ユダヤ人兵士の会など、さまざまな退役軍人の会がある。

そして戦争は続く

退役軍人の会のひとつ、アメリカ傷痍軍人会は、第一次世界大戦で欧州戦線へ派兵され、負傷した兵士たちのために設立された。DAVの役目は、兵士が得られるはずの福利厚生の退役軍人省などへの申請を手助けしたり、議会へのロビー活動、その他、家族や遺族へのサポートなどである。

DAVの「傷痍軍人の記念碑」は、議事堂から南方向に二ブロック、インディペンデンス通りと交差するワシントン通りと2ストリートの三角地に建設された。

DAVの記念碑の長い壁には、ブロンズのシルエットと

「1000 ヤードのまなざし」を表すパネル

ガラスの上に二重に重なった透明な兵士たちの姿である。その中のひとつ、「一〇〇〇ヤードのまなざし」(thousand yards stare) は、出兵前はヘルメットをかぶった兵士が愛国心と理想に燃えているが、戦争の現実を体験し、心身ともに変わってゆく姿だ。

「戦争に行く前の兵士はまだ無邪気ともいえるような純真なまなざしをしているが、いざ戦争の悲惨さを知った兵士のまなざしは、遠くを見つめるような、空虚なものに変わる」、そんな兵士のイメージを表現しているそうだ。

DAVの広報担当、ウィリアム・オエンビーさんは言う。

「最近のDAVの会員のうち、五〇%が体の一部を失っている場合、あとの五〇%はPTSDで心に傷を負った人たちです」

医学の進歩や緊急医療の対応処置が改良されたため、一昔前であれば命を落としていた場合でも、生き延びる可能性が高まった。また、ヘリによる救出時間も短縮され、人工的に頭蓋骨を再生するなどの医療技術の発達で、頭部に重傷を負っても命が助かる率は高まった。たとえ手足など身体の一部を失っても、今は、精巧な義足や義手がある。しかし、心の問題をケアするのは難しい。

ＤＡＶはすべての戦争で「心身ともに不自由になった元兵士の記念碑」として、時代を超えた恒久的（タイムレス）な記念碑にしたかったという。

なぜなら、「これからもアメリカは戦争や紛争などで戦い続けるだろうから。これだけあちこちで戦争を行ってきておきながら、いまさら戦争がなくなるわけはありません。人が殺しあうことは続き、身体障害の兵士も出る。昔と今の違いがあるとすれば、ピストルの引き金を引くのではなく、ボタンを押すようになったことでしょうか」（オエンビーさん）

「It is what it is（そういうものだ）」というオエンビーさんの言葉には、戦争をし続けることへの諦念が感じられた。

VIII

首都の再開発と終らない戦争

首都に接するヴァージニア州のクリスタルシティーは高層規制がなく、企業のビルが並ぶ

「戦争」を歩く──アーリントン墓地と戦争

リンカン記念堂からポトマック川にかかる長い橋、アーリントン記念橋を渡ると、ヴァージニア州のアーリントン墓地にたどり着く。

アーリントン墓地はアメリカが戦争をするたびに拡張されてきている。そこにはアメリカが戦ってきたほぼすべての戦争の記念碑や墓地が並んでいて、まさにアメリカの戦争の歴史を一望できる。

第一次世界大戦では、アメリカは戦争末期の一年あまりの参戦で、約一二万人の戦死者を出した。兵士の名前が確認できなかった一二三七人の遺骨は、一九三二年、「無名戦士の墓」に納められた。五〇トンもある大理石の墓石は、三七年から二四時間警備となり、やがて無名戦士の墓は、戦争で犠牲になったすべての兵士の墓碑として普遍的な意味を持つようになった。

墓石を守る衛兵の任務に就くには、身長が五フィート一〇インチ（約一七七センチ）以上、軍でトップクラスの成績を収めたエリート兵士でなければならない。夏は一時間ごと、冬は三〇分おきに交代するとはいえ、ワシントンの猛暑にも厳冬にも耐え、重さ四キロのM14ライフルを持ち、規律正しく儀典に沿った動きをすることは、かなりの鍛錬を要する。

アーリントン墓地が世界的に知られることになったのは、一九六三年、ケネディー大統領の埋葬で「永遠の火」がともされてからだろう。ケネディー大統領の埋葬にあたってはジャクリーン夫人とマクナマラ国務長官の強い希望により、実現された。

アーリントン墓地に眠る人物の経歴は多様で、アメリカに貢献をしたとされる六三人の外国人、従軍経験がある元プロボクサーや音楽家などの墓もある。ここには第二次世界大戦で戦死した日系人兵士七〇人も埋葬されている。

アーリントン墓地の「無名戦士の墓」（上）は、すべての戦争で犠牲になったアメリカ軍兵士の墓碑として、1937年からエリート兵士の衛兵によって24時間態勢で守られている

軍事作戦と直接関連がないような人々もここには眠っている。たとえば、北極を探検した探検家マシュー・ヘンソンやスペースシャトル爆発事故の犠牲者たち、二〇〇一年の同時多発テロで亡くなったペンタゴン勤務の職員など。

現在、アーリントンに眠るのは四二万人以上。埋葬者の数は年々増え続けている。埋葬の条件は時代ごとに変わってきており、増え続ける希望者を制限するため、墓地を管轄する国防総省は埋葬基準を厳しくし、国防総省の承認を得た場合のみ埋葬されるようになった「テロとの戦争」ではアフガニスタン・イラク戦争の戦死者の埋葬が続き、あと二五年もすれば確実に「満員」になると予想される。

アーリントン墓地にはスペースシャトル爆発事故の犠牲者も眠る

広大なアーリントン墓地をすべて徒歩でまわるのはほとんど困難で炎天下の八月などは汗だくになる。限られた時間しかない訪問者のために、園内には便利なオープン式トレーラーバスが無料で乗れるので主要な場所を見るためには、これを利用するとよい。

年間を通じてほとんど休みなく訪問者を受け入れているアーリントン墓地は、国防総省広報課によれば、二〇六〇年まで一般公開される予定だ。

「麻薬との戦争」――DEA(麻薬博物館)

地下鉄ブルーラインでポトマック川を渡るとロスリン駅で南へと曲がり、アーリントン墓地駅、ペンタゴン駅、ペンタゴンシティー駅、そしてクリスタルシティー駅と続く。ポトマック川以西は高層ビル規制がないため、近年、高層ビルやマンション開発が進み、軍事関連のオフィス街と軍関連や首都圏への通勤者のベッドタウンとなった。

ペンタゴンシティー駅にはショッピング街が並んでいるが、その向かいの一角のビル内に麻薬取締局(DEA)のオフィスと博物館がある。

二〇〇一年九月一一日の同時多発テロで、アメリカの国防に関連する政府機関は大幅に改編された。

自然災害からテロまで、国防の脅威に関係する二二の省庁や情報機関を統合、職員の総数一七万人からなる「国土安全保障省」、ホームランド・セキュリティー(DHS)という巨大官庁が誕生した。

DHSを構成している機関は、予算が多い順に、災害時に緊急対応するFEMA(緊急事態管理庁)、CBP(税関、国境警備局)、USCG(沿岸警備隊)、TSA(運輸保安局)、ICE(移民税関捜査局)、USCIS(米国市民と移民のためのサービス)などがある。一九八九年、退役軍人局が退役軍人省にランクアップされて以来、久しぶりの新しい省の発足で、ＤＨＳは省庁の中で国防総省（ＤｏＤ）と退役軍人省に次いで、三番目に大きな省となった。

国土安全保障省には、法務省に属する麻薬取締局（ＤＥＡ）も含まれる。一九七三年に設立されたＤＥＡの任務は、本来、麻薬が国内に流入することを防ぐためであった。しかし、ＤＥＡの活動はそういった「防衛作戦」から、やがて麻薬の生産地に出向いて、根絶やしにする「攻撃作

麻薬取締局博物館の看板（上）。「麻薬との戦争」は、ニクソン大統領の時代にはじまった。戦闘シーンのようなDEA の職員たちの捜査

戦」へと任務が推移していった。

「麻薬との戦争」はニクソン大統領の時代にはじまって以来、パナマ、メキシコ、コロンビアなどを舞台に展開してきたが、長期に渡り苦戦が続いている。DEAの特殊部隊は軍隊と同様の基礎訓練を行い、五〇〇〇人以上に増員された。「テロとの戦い」に関しても、アフガニスタンではタリバンの活動の資金源となるアヘンが栽培されており、DEAは海軍や陸軍の特殊部隊と協力しながら、アヘンを栽培する農場を破壊する作戦も行っている。

DEAビルの一階にある博物館には、アメリカの一五〇年にわたる麻薬との戦いの記録が展示されている。アヘン、コカイン、ヘロイン、マリファナがアメリカに蔓延し、一九七九年のピーク時には一〇人に一人が麻薬の常習者になっていた。コカインの値段が安くなった一九八〇年代半ばには六〇〇万人が麻薬を常用していた。

ワシントンでは麻薬にからむ殺人事件が多く、全国でも麻薬犯罪の件数が多い都市のひとつとなっている。全国平均に比べて約三倍の犯罪発生率で、特に北東（NE）と南東（SE）地区、議事堂の東側のキャピトル・ヒルの住宅地が危険地帯である。

半世紀近い「麻薬との戦争」にもかかわらず、麻薬犯罪の根絶は難しく、アメリカの「内なる戦争」は今も続いている。

全米ライフル協会と銃器博物館

アメリカはなぜ銃社会になったのか。それを理解するにはアメリカでどのように銃が広まったか、全米ライフル協会（ＮＲＡ）の設立の歴史が鍵を握っているかもしれない。

ワシントンから西へ、ルート66を車を走らせるとヴァージニア州フェアファックス郡に入る。ワシントンを背にし、車窓から見上げるとガラス張りの威圧的なビルが左手に見える。最上階の真ん中に、「ＮＲＡ」とある。全米ライフル協会の本部である。

ＮＲＡの創設は一八七一年。南北戦争後、二人の元兵士によって結成され、権利団体としてはアメリカで最も古い。発足当時は政治から距離を置き、安全な銃器の扱いを呼びかける機関として、会員たちは一握りの銃愛好家であった。それがいまや「市民が銃を所有する権利」の保護を訴え、五〇〇〇万人以上の会員を誇るアメリカ最大のロビー団体となった。

ＮＲＡの会員が増えたのは一九六〇年代に犯罪率が上がった頃である。人々の治安への不安が募る中、市民の間には護身のために銃を保持する人々が増えた。七七年以降、ＮＲＡはロビー活動を強め、銃愛好家への雑誌を発行。ハリウッドスターであったチャールトン・ヘストンを迎えて活発な広報活動を展開し、一般市民の会員数を爆発的に増やしてきた。ＮＲＡは銃規制反対を推し進める巨大な圧力団体に大きく変貌した。

全米ライフル協会（ＮＲＡ）には約 3000 点の銃器が展示されている

建物の一階にある銃器博物館には、一三世紀のピストルから、インディアンと戦った西部開拓時代、第一次、第二次世界大戦を経て、現在に至るまでの銃器、約三〇〇〇点が展示されている。ナポレオンやナチスのナンバー2であったゲーリングの銃まであった。ガン・マニア垂涎のお宝コレクションに圧倒される。潤沢な寄付金のためか、入場料は無料。まさにアメリカの銃社会を象徴する博物館である。

いまやアメリカでは毎年、三万人以上が銃による発砲事件で命を落としている。アメリカで起こる殺人事件の三分の二が銃によるものという。銃による自殺も多く、二〇一三年の統計では、二万一一七五人が銃によって自殺した。未成年者による銃の事故も多く、最低年齢では二歳の子どもが誤って家族や自分自身を撃ってしまうという痛ましいケースもある。それだけ身近な場所に銃が置いてあるということだ。

にもかかわらず、ギャラップ世論調査では、銃規制の賛同者が一九五九年の六〇%から、現在はその半分以下と激減している。なぜか？

乱射事件が起きるたびに、一時的に銃規制が叫ばれる。しかし、実際には事件をきっかけにしてさらに銃の売り上げが伸び、銃規制法案は議会を通らない。ロビー団体としてのNRAが強力すぎるためだ。NRAが資金力でいかにまさっているかということは、たとえば銃規制を推進する団体、「ブレーディー・銃バイオレンス規制センター」の年間運用費が、NRAの二〇一〇年度予算のわずか一%にすぎないことからもわかる。「ブレーディー」とは、元ホワイトハウス報道官のジェームス・ブレーディー（一九四〇—二〇一四）で、彼は一九八一年のレーガン大統領暗殺未遂事件で流れ弾にあたり、半身不随になった人物である。

銃擁護派は、「銃を持つ自由と権利は憲法修正第二条によって守られ、独立戦争以来のアメリカの伝統である」、そして「警察だけを頼りにすることはできない、自分たちの身を守るために銃を取り上げることは許さない」と主張する。

歴史家パメラ・ハーグは著書『ガン化されたアメリカ—アメリカの銃文化を作ったビジネス』で、銃の一般家庭への普及は、「一九世紀末の西部フロンティアの消滅で、銃の売り上げが減ることを心配した銃メーカーが、一般人も銃を買うよう、治安の悪化を強調したマーケティング戦略」にあった、と述べている。銃の普及は、売り上げ利益が増えることを優先する企業文化中心の「コーポレート（企業）・アメリカ」ならではのことと思われる。

また、銃保有者たちは、乱射事件が起きるたびに「規制される前に買っておこう」と余計に銃器を求める。銃メーカーの大手、スターム・ルガー社とスミス&ウェッソン社は、オバマ就任（在職二〇〇九～一六）から数年間で四五〇%から七〇〇%も売り上げを伸ばした。なんとも逆説的であるが、銃擁護派のトランプが大統領になると銃の売り上げが減ったのである。というのは銃規制の可能性がないかぎり、愛好家たちが「買い置きをしなくても大丈夫」と安心するからだという。シカゴ大学の調査では、最近は、銃を求める世帯が減っているが、一部の銃保有者が複数の銃を購入する傾向にあるという。

現在、どのくらいの数の銃がアメリカで普及しているのか。アメリカ全国規模のデーターベースはないが、アメリカには三億丁の銃器があると推定されている。銃器メーカーのロビイストや擁護派たちは、「数を把握すること自体が銃規制への最初のステップにつながる」とみている。

ＮＲＡの銃器博物館のビル内には、会員が銃の射撃訓練をするシューティング・レンジ（射撃場）がある。まるでゴルフの打ちっぱなし練習場であるかのごとく、数人が週末の射撃訓練にいそしんでいた。小銃を撃つ女性、机の上に銃を置いて真剣な目つきで的を見つめる人、床に腹ばいになってライフル訓練をしている男性など。会員のための屋内のシューティング・レンジは奥行が五〇ヤード（約五〇メートル）あり、車椅子利用者でもピストル、ライフル、ショットガン

ＮＲＡの射撃場

の射撃練習ができる。

「普段から射撃訓練をしていないと、いざというときに正しい方法で銃を使いこなすことができない」と言う筆者の友人と娘はときどき一緒に射撃練習をしている。ヴァージニア州の郊外に住む友人一家は、失業率が上がるたびに治安の悪化が不安であるという。実際、アメリカではほぼ毎日のようにどこかで銃の発砲事件が起きている。

ＮＲＡからの帰り道の国道でGun Saleという張り紙を掲げた小さなガン・ショップを見つけた。銃の購入条件は、州によっても異なるが、規制が緩い州では、身分証明書を見せるだけで三〇分もあれば簡単に銃を購入することができる。

近年は、ＮＲＡが「弱腰」であると、米国銃所有者協会（一九七五年設立、ＧＯＡ）、および全米銃権利協会（二〇〇〇年設立、ＮＡＧＲ）など、銃規制に反対して妥協を許さず、ＮＲＡよりさらに強硬な姿勢で銃を持つ権利を推し進める団体がある。

州によっては簡単に銃を購入することができる（ヴァージニア州にて）

「市民が銃を所有する自由」を結果的に支えてしまう「銃による殺人」という矛盾――銃擁護派は、「銃が人を殺すのではなく、人が人を殺すのだ」、そして「悪人」から身を守るために銃は不可欠だ、と主張し続ける。学校や大学キャンパス内での乱射事件をはじめ、一般市民が巻き添えになる悲惨な乱射事件が起こるたびに上がる銃規制派の声は、ＮＲＡのロビー活動によって葬られる。

　ところが、銃擁護派がよりどころとする、護身のために銃が役立ったというケースは実際には極めて少ない。銃規制を推進し、銃をめぐる調査を行っているバイオレンス・ポリシー・センター（ＶＰＣ）によれば、二〇一二〜一四年に起こった銃をめぐる事件で、護身のために使われたケースはわずか一％以下であったという。

　ちなみに、同時多発テロで亡くなったのは三三八〇人、同時多発テロ以降、銃による死者は累計で四〇万人以上。テロは人々の恐怖をあおっているが、実は銃のほうがよほど恐ろしい凶器であるのだという、データに基づいた銃規制派の論理は銃愛好家には全く通じない。

「軍隊化」する警察

銃社会のアメリカで警察官の職に就くことはすなわち、毎日が命がけともいえる。ジュディシュアリー広場――FとEストリート、4と5ストリートの間にあるのは、殉職した警察官に捧げる、ナショナル・ロー・エンフォースメント・オフィサーズ・メモリアルだ。

警察官の記念碑建設に尽力したのは、議員に転職した元ニューヨークの警官で、現役時代に一〇回、銃で撃たれた経験があった。

記念碑が建立された一九九一年当時、一万二〇〇〇人の名が刻まれていたが、その後、二五年間で二万人以上の警官が殉職、半数は職務中に銃で撃たれて亡くなった者たちだ。そのため、最近の警察官たちは必要以上に重装備になっている。まるで兵士のような装備の警察官が家に突入してくることが増えているとの報告もある。

ある研究者によると、全国のSWAT（スペシャル・ウェッポンズ・ポリース・ユニット）の出動回数が、一九八〇年ごろは年に約三〇〇〇回だったのが、今や五万回になっているという。

なぜそれほどまでに、警察官たちは重武装してしまったのであろうか。一説によると、連邦政府の推し進めた「麻薬との戦い」に次ぐ「テロとの戦い」で、多額の予算が州および地方警察に分配されたためだという。軍隊から装備類が売却されることもある。

　過剰な装備は、警察官による暴力にもつながっている。二〇一五年、アメリカでは武器を所持していない黒人が一〇〇人以上、警察官によって射殺された。黒人が警察官に撃たれる件数は、白人より五倍多いという。白人の警察官が黒人を職務質問することは、白人よりはるかに多く、また、電気ショックを与えるスタンガンを黒人に使用するケースも白人よりはるかに多い。

上：ワシントンの騎馬警官。下：殉職警察官の記念碑

確かにアメリカの警察官は危険な任務に就いている。しかし、黒人というだけで警察官から過剰な暴力を受けたり、射殺されたりする社会は異常である。二〇一六年七月に起きたテキサス州の事件は、車を止められ、身分証明書を出そうと助手席のダッシュボードに手をのばした黒人が射殺されたという事件であった。一部始終をスマホで録画した友人がネットで流し、この事件は大きなデモに発展した。デモでは、近くのビルの上階から何者かが警備の白人警官を五人射殺した。あたりは騒然とし、群衆は逃げ惑った。警察は犯人（予備役兵だった黒人）を突き止めて自首するよう説得したが、犯人は拒否。警察は爆薬を搭載したノースロップ・グラマン社製のロボットを送り込み、犯人を殺害した。警察官の命を守るために、警察は、やむをえずロボットの使用に踏み切ったと発表した。これまで警察は偵察用のロボットや催涙ガスを搭載したロボットの使用は認めていたが、殺害だけを目的とした攻撃用ロボットの使用は初めてであり、「殺人ロボット」の使用は論議をよんだ。

黒人と「刑務所工場」

アメリカの犯罪率は下がる傾向にあるとはいえ、黒人が殺人事件にかかわる率は、白人に比べて、約八倍であるという。当然、刑務所に収監される黒人は白人に比べてはるかに多い。しかし、黒人たちを大量に刑務所へと送り込むことは、「新しい時代のジム・クロー（黒人差別）」ともいわれる。

ワシントンに本部があるセンテンシング・プロジェクトという人権団体の調査によれば、「麻薬との戦い」が特に黒人を容疑者としてターゲットにしているという。というのも、一九八〇～二〇〇三年のあいだに全米で行われた黒人の摘発が二二五%増加したというが、その間、白人の摘発増加率は七〇%であった。現在、刑務所に収監されている黒人男性は約二三〇万人。全収容者の四割近くが黒人で、保釈あるいは保護観察下にあるのは四五〇万人にもなる。麻薬との戦いで、囚人たちを収容しきれなくなったことで八〇年代から民営化した刑務所は、企業と結びついてさまざまな製品を安い労働力で生産する、一大「刑務所工場」となった。刑務所の服役者の賃金は、派遣労働者のそれよりはるかに安いからだ。刑務所は、凶悪犯だけでなく、麻薬やアルコール中毒者、精神障がい者や無収入になってしまった人々の〝収容所〟と化している。

しかし、一度、刑務所で過ごした者は出所しても「搾取」される。前科がある、保釈中であるということであれば、ろくな仕事には就けない。また、仕事を得たとしても、低賃金で働かされ、企業に搾取されるのである。

センテンシング・プロジェクトによれば、一〇万人の人口に対し、日本では五八人が、カナダでは一一七人が、そしてアメリカでは七四八人が刑務所で生活している。日本と比べ、アメリカでの刑務所の服役率は約一三倍と、アメリカは世界有数の「刑務所社会」となった。アメリカの

黒人たちの長年の願いがかなった国立アフリカン・アメリカン博物館

囚人たちは、最高裁が国選の弁護士を雇う権利を認めてからも、満足な弁護を受けられず、微罪と言えるようなケースでも不必要に長い刑期を送ることも多い。なお、黒人に次いで多い囚人はヒスパニック系だそうだ。

黒人による、黒人のための、黒人の博物館

二〇一六年九月末、ワシントン記念塔の近く、14ストリートとコンスティテューション通りの角に、国立アフリカン・アメリカン博物館が開館した。「黒人による、黒人のための、黒人の博物館」である。建築デザインはガーナ出身、イギリス育ちのデビッド・アダジェによるもので、奴隷貿易と密接に関係があったナイジェリア南西部、ヨルバ人（ナイジェリアの民族の一つ）の彫刻と女性が両手をあてて天をあおいで祈っている姿にヒントを得たという。

モールにはスミソニアン博物館群が 10 館ある（スミスソニアン博物館旧館）

モールにはすでに北側と南側にスミソニアン博物館群が一〇館ずらりと並んでいる。白い建物群の中、褐色の大型黒人博物館が、モールのほぼ中央に位置し、しかもアメリカン歴史博物館とワシントン記念塔の間に建設されたことは、それだけで黒人たちにとって意味深いことであった。

スミソニアン博物館は一八四六年、英国人の科学者、ジェームス・スミソン（一七六五—一八二九）がワシントンDCに科学と文化、知識の伝授のための博物館を建設するようにと遺言してのこした多額の寄付金をもとに創設された。以来、スミソニアン博物館は美術、科学、産業などの博物館、さらに動物園を建設し、二〇館目の博物館がこの黒人博物館で、他のスミソニアン博物館と同様、入館は無料である。

これまで「黒人博物館」の役割をかろうじて担っ

「黒人地区」のアナコスチアにある“黒人博物館”
に足を運ぶ人は少なかった（アナコスチア博物館）

ていたのが、スミソニアン博物館の分館、ワシントンの南東地区（SE）に、一九六七年に開館した「アナコスチア博物館」であったことを知る人は少ないだろう。

黒人居住区のアナコスチアに、黒人の歴史に関する博物館を建てたことは、白人が中心となって運営されているスミソニアン博物館のいわば善意の〝ジェスチャー〟のようなものであった。しかし、この小さな博物館を訪れる訪問者は少なく、地域の黒人のたちの公民館という雰囲気だった。アナコスチア地区では、歩道を歩いていても白人に出会うことはほとんどなく、小売店も少ない。SE地区は極めて交通の便が悪く、一九九一年にSE地区へ乗り込む地下鉄のグリーンラインがアナコスチア地区へ延長されたとはいえ、アナコスチア地区をはじめとする南東地区（SE）へのアクセスは車がなければ最悪である。バスも少なく、付近にはタクシーもほとんど見あたらない。

従って、かつて奴隷を所有していたワシントン大統領の記念塔の近くにアフリカン・アメリカン博物館が建設されたことはそのことだけでも黒人たちにとって長く望んだ「勝利」でもあった。黒人のための博物館建設は第一次世界大戦後に提案されていたものの、開館までに実に一〇〇年

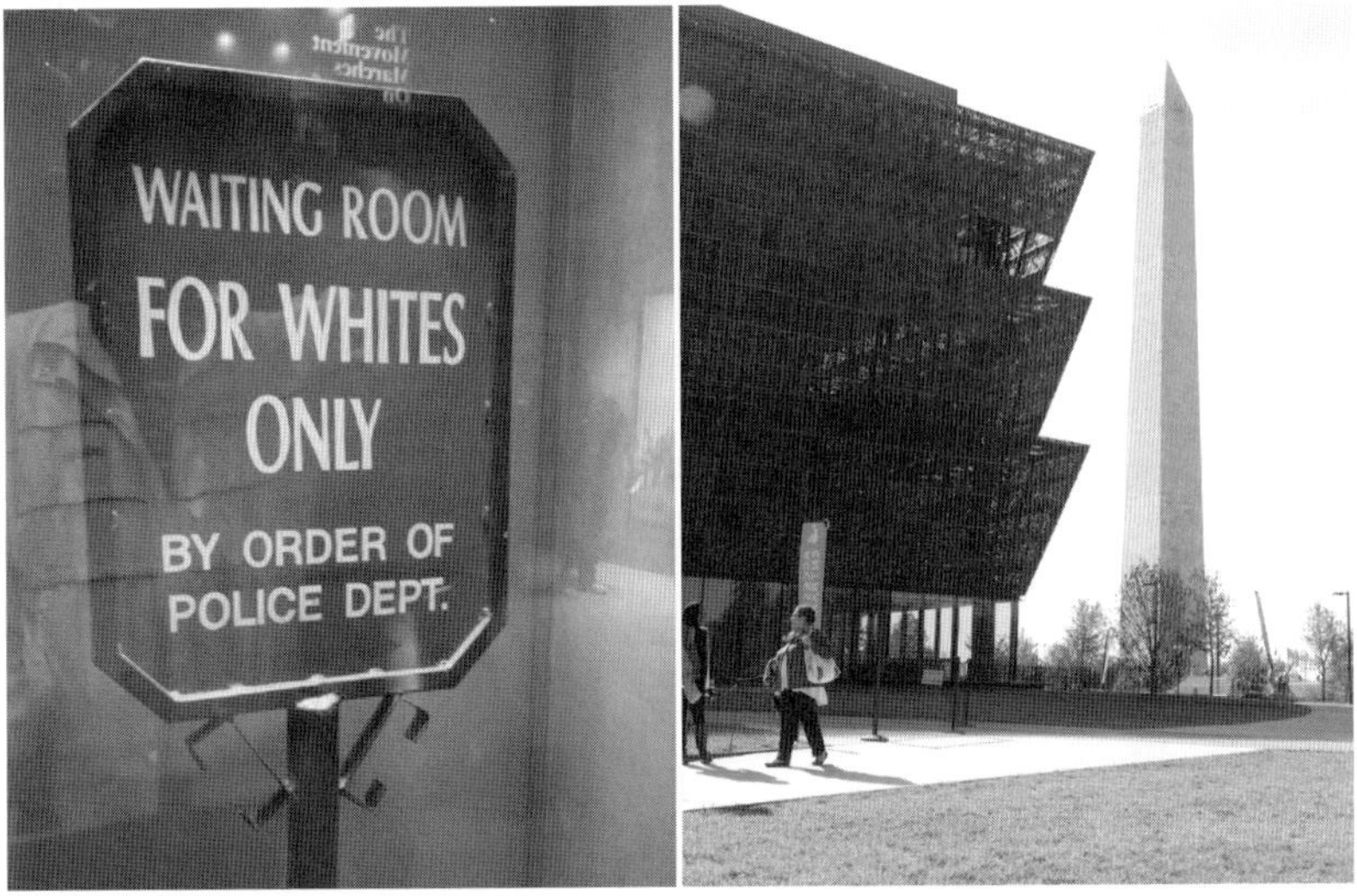

右：国立アフリカン・アメリカン博物館は奴隷を所有していたワシントンの記念塔の近くに建てられた。左：白人専用待合室の案内板

かかった。アフリカン・アメリカン博物館の建設が遅れた理由は、具体的な展示内容をどのようなものにするかが検討されたためで、黒人差別のテーマに偏重することなく、黒人たちの従軍経験やジャズなどを通じたアメリカ社会への貢献など、正負の側面をどのようにして表現するべきか、展示品の取捨選択だけでも一〇年以上かかった。

アフリカン・アメリカン博物館の規模は、総面積が東京ドームの五分の四という広さである。まず、訪問者は、奴隷船を模したような大型エレベーターで地下三階に連れていかれると、「自由の矛盾」の台座に立つトーマス・ジェファソンの像を前に、建国の時代から、いかに黒人たちが「自由と平等の理念」から排除されていたかを目にすることができる。奴隷制を生み出した三角貿易が世界でどのように成り立ち、アメリカ国内で独自に発展していったか、時系列で詳述されている。窓のない暗い展示室は黒人の暗い時代を意図的に演出している。

アフリカン・アメリカン博物館では、展示品の総数が三万四〇〇〇点とあって、細かく見ていくとかなりの時間を要する。一七九四年に四〇〇人の奴隷を乗せてモザンビークからブラジルへ航海中に座礁した奴隷船の部品、最も囚人の扱いがひどかったといわれるルイジアナ州アンゴラの州刑務所の監視塔、一九五五年、白人たちにリンチ殺害された少年、エメット・テイル(一九四一―五五)の棺なども展示されている。

館内は奴隷の暗い歴史を展示する暗い地下から上階へ上がってゆくにつれて明るくなり、いかに黒人たちがアメリカ社会に貢献してきたか、音楽などの分野で貢献した人々の功績が強調されている。

アメリカの「黒人」は現在、全人口の一三%、四〇〇〇万人となった。奴隷解放から一五〇年、アメリカにおいて人種による偏見は完全になくなったとはいえない。四〇〇年以上も差別に耐えてきた黒人たちにとって、黒人博物館は、「もう一つの米国史」を物語っている。

オープンしたばかりの館内を筆者が訪れたとき、ざっと見渡して見学者の九割以上が黒人であった。ときにはうなずきながら、ときには感嘆しながら、「これぞ自分たちの物語」といわんばかりに、会場にひしめく黒人たちの熱気が伝わってきた。

ホームランド・セキュリティーの移転先

二〇〇六年、巨大機構となったホームランド・セキュリティー（ＤＨＳ）はネブラスカ通りのビルを中心として六〇以上のビルに分散していたオフィスを統合し、南東ＳＥのアナコスチア地区、聖エリザベス病院の広大な跡地に移転させると発表した。

ホームランド・セキュリティーは東南のSE地区（旧聖エリザベス病院周辺）に移転する予定（写真提供／議会図書館）

黒人地区であったアナコスチアに巨大な政府機構が移転するのであれば、地域の活性化につながるのだろう。そうなれば企業誘致やスーパーなどのインフラも整うという目論見がある。しかし、政府発行の雑誌『フェデラル・タイムス』によると、移転に必要な予算は四〇億ドルを超えるとあって、移転計画の実現には時間を擁するとして、第一陣として沿岸警備隊の事務局が聖エリザベス病院の跡地に二〇一三年に移転した。ＳＥ地区の聖エリザベス病院は連邦政府が初めて運営する精神病院として、一八五五年に設立された。ピーク時の一九五〇年代には、八〇〇〇人の患者が収容されていた。かつて「聖エリザベス病院へ行く」といえば、精神に異常をきたしたというジョークとして受け止められたほど、精神病の代名詞となった病院であった。

先に述べたように交通の便が悪かったSE地区へのアクセスを簡単にするために、アナコスチア川にかかる11ストリートの橋の大規模な「改装」も計画されている。橋の上に公園、野外劇場、レストランなどを設けて、市民が親しみやすくするというプロジェクトだ。

果たして、政府の巨大機構が移転することで、白人が決して足を踏み込むことがなかったSE地区が再生されるのだろうか。しかし一方で、開発が遅れた地区を再生させることは、不動産や家賃の高騰につながるとも懸念されている。

再開発の裏で進むホームレスの急増

世界の主要都市と同様、ワシントンの不動産価格は近年、急上昇している。市内に住む場合、たとえ年収一〇〇〇万円以上でも二部屋か、それよりさらに狭い部屋の賃貸料しか払えないという高騰ぶりだ。住宅不足のために市内の再開発は、安全ではないと避けられていた地域にどんどん広がっている。

かつて黒人地区とされていた14ストリートから東のコロンビア・ハイツ、ブライトウッド、北東NE地区のブルックランドなども見直され、九〇年以降は再開発が目覚ましいピッチで進んだ。また、南西SW地区のネイビーヤードあたりも、中心部へのアクセスが便利なうえに、大きな市

再開発が進む一方、市内の中心部にはホームレスが目立つようになってきた

場があるということで独身者に人気だ。SWのウォーターフロント付近ではビル工事が急ピッチで進み、ネイビーヤード近郊の川沿いにはおしゃれなレストランや遊歩道ができた。

一方、ダウンタウンのファラガット広場をはじめ、市内中心部にはホームレスが目立つようになっている。

アメリカン大学歴史学部の教授、ダン・カー氏は、研究の傍ら、ホームレスのオーラル・ヒストリーを集めている。ホームレスたちを「語り部」とし、どういう人生で、なぜホームレスになったのか、そのいきさつを記録している。

カー教授は「ホームレスが増えたのは一九七〇年代です」という。それまでは荒廃した地域でもなんとか家賃が払えるような住宅がたくさんあった。しかし、公民権運動以降、スラム街が一掃され、再開発で立ち退きを命じられたり、不動産価格が上昇したために家賃が払えず自宅を失う人が増えてきたという。

個人の自助努力が重んじられ、かつ過剰なクレジット社会のアメリカでは、離婚や失業などが重なると住むところがなくなり、ホームレスになるまでにそう時間はかからない。第二次世界大戦後、しばらくは誰でも仕事を見つけることができた。しかし、雇用が不安定になり、失業者が増え、路上で亡くなる人が出てきたアメリカはまさに「弱肉強食」の社会である。

かつてジョンソン政権は一九六〇年代、「貧困とのたたかい」というスローガンで貧困の根絶を目指した。職業訓練を促すセンターを地方自治体ごとに作り、フードスタンプをはじめ福祉政策が強化された。しかし、それから半世紀以上がたち、現在、全米で貧困層といわれるのは四五〇〇万人、ジョンソン政権のときより一四・五％増えている。「貧困とのたたかい」の批判者は、最低限の福祉を与えることによって、かえって仕事に就こうとせず、依存してしまうと主張する。しかし、ホームレスの現場を見てきたカー教授はこう言う。

「私にとってショッキングなことは、ホームレスの人々が常に〝努力〟しているということです」と。無料の食事が提供されるといえば、遠くまで何キロでも歩いていくし、就職面接に何回も行く彼らの〝努力〟を見ていると、学者の自分にはとうていできそうにない、というのだ。教授によれば、ワシントンでも、二〇一三年にはホームレスの数は六〇〇〇人だったが、翌年には七七四八人に増えた。教授は、一度ホームレスになってしまった人々のストレスやトラウマはさぞすさまじいに違いないとも言う。

「これはキャピタリズム（資本主義）の悪循環（スパイラル）で、問題の根本的な解決にはなっていません」とカー教授は言う。

「ワシントン市内の再開発、中華街のベライゾンセンター建設や、14ストリートの再開発は、貧困層を立ち退かせたあとにできた。アメリカ合衆国はホームレスから顔をそむけ、より多くの人間を刑務所へ送り、搾取するとても〝ユニークなシステム〟である」と言う。

なぜ戦うのか

一方で、同時多発テロへの対応としてはじまった「テロとの戦い」はアメリカがこれまでに経験したどの戦争よりも長期化し、先が読めなくなっている。

アメリカの軍事予算は、一九八〇年代後半の国内総生産のおよそ六％から、現在は約三％と相対的には減った。しかし、その額は、五九七〇億ドルと群を抜いて世界第一位である。英ＩＩＳＳ（国際戦略研究所）の二〇一六年度ミリタリー・バランス・レポートによれば、アメリカに次ぐ軍事費では二位以下の一四カ国の軍事予算を合計した額にほぼ匹敵する。軍事費が急激に増加している中国とてアメリカの軍事予算の三分の一である。対イラク戦争だけをみても、同時多発テロの死亡者を上回る四四七五人の兵士が死亡、三万二二二〇人が負傷、ＰＴＳＤを患うのは二五万人以上と、人的コストははかり知れない。

かつてアイゼンハワー大統領は、退任スピーチで、「軍産複合体」が国の主導権を握りつつあ

ペンタゴンシティー駅では軍需産業の広告（ロッキード・マーティン・エアロノックス社製造のF35）が否応なしに目に入る

ることを警告した。

しかし、複合体を構成する要素は、アイゼンハワー大統領の時代から半世紀以上が経過し、はるかに複雑になった。軍事国家としてのアメリカに批判的なジャーナリスト、ニック・タースはその著書『ザ・コンプレックス（複合体）』で、「新軍産複合体」を構成するのは、テクノロジー・エンターテインメント・大学アカデミア・科学・メディア・情報機関・ホームランド・セキュリティー・監視・セキュリティー企業……など、とても一言では表せなくなったという。

ところが、アメリカの軍産複合体が巨大化しているにもかかわらず、一人ひとりのアメリカ国民にとって、戦争は身近なものではなくなったことをどう理解すればよいのか。かつて第二次世界大戦では、国民の一〇%が全国から徴兵され、戦争へと駆り出されたという。家族から、知人の中から、友人や同級生の中から、誰かが戦争に行っていることをかみしめていたはずだ。

徴兵制がなくなり、兵士として志願する者たちは、第二次世界大戦の頃とちがい、将来、政策決定に携わる、いわばエリートとなる層とは交わらなくなった。米軍は現在、一四〇万人が現役で、八五万の予備役兵士を擁しているというが、戦争はごく一部の人々しか動員しないため、「軍を支援します！」とはいっても、時折、戦争映画やニュースで見るのは遠い地域で繰り広げられている戦争で、一般市民には戦争の実感がなくなっている。このことは、現在のアメリカで大きな反戦運動が見られなくなった原因のひとつでもある。

一体、アメリカは何のために戦うのか。そう聞かれれば、「テロの恐怖に脅えることなく、私たちが安全に暮らすため」とほとんどの人が答えるだろう。

アメリカにとって最も長くなった「テロとの戦い」が終結をむかえるのはいつのことだろうか。自由と民主主義を守るための「自衛手段」としての戦争。自由と民主主義を守る、という大義名分のもとに繰り広げられる戦争が、新たな悲劇と矛盾を生み出していることは否定できない。米国はいつの日かこの負のスパイラルから抜け出すことができるのだろうか。戦いはまだまだ続きそうだ。

【主な参考文献】（順不同）

■有賀貞著『ヒストリカル・ガイドUSA　アメリカ』山川出版社、二〇〇四年
■池田智、松本利秋著『早わかりアメリカ』日本実業出版社、二〇〇九年
■松尾弌之監修『「アメリカ50州」の秘密』PHP文庫、二〇〇九年
■油井大三郎著『好戦の共和国アメリカ―戦争の記憶をたどる』岩波新書、二〇〇八年
■有賀夏紀著『アメリカの20世紀（上・下）』中公新書、二〇〇二年
■パップ・ンディアイ著、遠藤ゆかり訳『アメリカの黒人の歴史―自由と平和への長い道のり』創元社、二〇一〇年
■本田創造著『アメリカ黒人の歴史』岩波新書、一九九一年
■有賀夏紀、紀平英作、油井大三郎編『アメリカ史研究入門』山川出版社、二〇〇九年
■肥後本芳男、山澄亨、小野沢透編『現代アメリカの政治文化と世界』昭和堂、二〇一〇年
■奥田暁代著『アメリカ大統領と南部』慶応義塾大学出版会、二〇一〇年
■ロデリック・ナッシュ著、足立康訳『人物アメリカ史（上・下）』新潮選書、一九八九年
■ハワード・ジン著、鳥見真生訳『学校では教えてくれない本当のアメリカの歴史（上・下）』あすなろ書房、二〇〇九年
■赤木昭夫著『ワシントンDC・ガイドブック』岩波書店、二〇〇四年
■ケネス・J・ヘイガン、イアン・J・ビッカートン著、高田馨里訳『アメリカと戦争 1775-2007』大月書店、

二〇一〇年
▪本間長世著『共和国アメリカの誕生』ＮＴＴ出版、二〇〇六年
▪Ｃ・チェストン著、中山理訳『アメリカ史の真実』祥伝社、二〇一一年
▪阿川尚之著『憲法で読むアメリカ（上・下）』ＰＨＰ新書、二〇〇四年
▪鎌田遵著『ネイティブ・アメリカン―先住民社会の現在』岩波新書、二〇〇九年
▪グレッグ・オブライエン著、阿部珠理訳『アメリカ・インディアン』東洋書林、二〇一〇年
▪砂田一郎著『アメリカ大統領の権力』中公新書、二〇〇四年
▪軽部謙介著『ドキュメント　アメリカの金権政治』岩波新書、二〇〇九年
▪野中郁次郎著『アメリカ海兵隊』中公新書、一九九五年
▪デイヴィッド・オーヴァソン著、三山一／戸根由紀恵訳『風水都市ワシントンＤＣ』飛鳥新社、二〇〇〇年
▪Ｇ・カート・ピーラー著『アメリカは戦争をこう記憶する』松籟社、二〇一三年
▪ＡＴＴＡＣフランス編『アメリカ帝国の基礎知識』作品社、二〇〇四年

【英語文献】

▪Bennet, Tracey G., Washington, D. C., 1861-1962 Black America Series, Arcadia Publishing, 2006
▪Boorstein, Daniel J., The Americans: The National Experience, Vintage,1965

- Bordewich, Fergus M., Washington, The Making of the American Capital, Amistad, 2008
- Bowling, Kenneth R., The Creation of Washington, D.C.; The Idea and Location of The American Capital, George Mason University Press, 1991
- Clark, George B., Battle History of the United States Marine Corps, 1775-1945, McFarland Publishers, 2010
- De Angelis, Gina, It Happened in Washington, D.C., The Globe Pequot Press, 2004
- Doss, Erika, Monument Mania, University of Chicago Press, 2010
- Douglas, Evelyn E. & Dickson, Paul, On This Spot: Pinpointing the Past in Washington D.C., Capital Books, 2008
- Field , Cynthia R, Paris on the Potomac, Ohio University Press,2007
- Fremont-Barnes, Gregory, The Wars of the Barbary Pirates, To the shores of Tripoli: the rise of the US Navy and Marines, 2006
- Gallivan, Martin D., James River Chiefdoms, University of Nebraska Press, 2003
- Goode, James M., Washington Sculpture: A Cultural History of Outdoor Sculpture in the Nation's Capital, The Johns Hopkins University Press, 2009
- Harrison, Robert, Washington during Civil War and Reconstruction, Cambridge University Press, 2011
- Holland, Jesse J., Black Men Built the Capitol: Discovering African-American History in and Around Washington, D.C., 2007

- National Park Service, Underground Railroad, 1998
- Fitzpatrick, Sandra & Goodwin, Maria R., The Guide to Black Washington-Places and Events and Historical and Cultural Significance in the Nation's Capital, Hippocrene Books,2001
- Jacob, Kathryn A., Capital Elites, High Society in Washington, D.C., after the Civil War, Smithsonian Institution Press, 1995
- Johnson, Paul, A History of the American People, Harper Collins Publishers, 1997
- Kapsch, Robert J., The Potomac Canal: George Washington and the Waterway West West Virginia University Press, 2007
- Kohler, Sue A., The Commission of Fine Arts-A Brief History 1910-1990, Commission of Fine Arts, 1990
- Kammen, Michael, Visual Shock-A History of Art Controversies in American Culture, Vintage, 2006
- Bodnar, John, Remaking America-Public Memory, Commemoration and Patriotism in the Twentieth Century, Princeton University Press, 1992
- Foote, Kenneth, Shadowed Ground-America's Landscapes of Violence and Tragedy, University of Texas Press,1997
- Turse, Nick, The Complex-How the Military Invades our everyday lives, American Empire Project, 2009
- Ledbetter, James, Unwarranted Influence: Dwight D. Eisenhower and the Military-Industrial Complex, Yale University Press, 2011

- Lengel, George G., Inventing George Washington: America's Founder, in Myth and Memory Harper Collins, 2011
- Lessoff, Alan, The Nation and its City; Politics, "Corruption", and Progress in Washington, D.C., 1861-1902, The Johns Hopkins University Press, 1994
- Linental, Edward Tabor, History Wars: The Enola Gay and Other Battles for the American Past, Holt Paperbacks, 1996
- Lusane, Clarence, The Black History of the White House, City Lights Bookstore, 2011
- Mintz, Max M., Seeds of Empire-The American Revolutionary Conquest of the Iroquois, New York University Press, 1999
- Penczer, Peter R., Washington, D.C. Past and Present, Oneonta Press, 2002
- Carrier, Thomas, Washington , D.C.- A Historical Walking Tour, Arcadia Publishing 1999
- Savage, Kirk, Standing Soldiers, Kneeling Slaves, Princeton University Press,1999
- Savage, Kirk, Monument wars, Washington, D.C., the National Mall, and the Transformation of the Memorial Landscape, University of California Press, 2009
- Kuznick, Peter & Stone, Oliver, The Untold History of the United States, Ebury Press, 2012
- Singer, P.W., Wired for War; The Robotics Revolution and Conflic in the 21st Century, The Penguin Press, 2009
- The White House: An Historic Guide, White House Historical Association, 2001

- Drutman, Lee, The Business of America is Lobbying-How Corporations Became Politicized and Politics Became More Corporate, Oxford University Press, 2015
- Jaffe, Harry S. & Sherwood, Tom, Dream City - Race, Power, and the Decline of Washington, D.C., Simon & Schuster, 1994
- Ash, Chris Myers & Musgrove, George Derek, Chocolate City - A History of Race and Democracy in the Nation's Capital, University of North Carolina Press, 2017
- Vogel, Steve, The Pentagon, Random House, 2008

【参考論文】

- Winterthur Portfolio, 1994, The monument without a public, Headley, Janet A.
- Winterthur Portfolio, 1994, Pocahontas: Her Life and Legend. Murphy, Kevin D.
- Bennett, Claudette, Racial Categories Used in the Decennial Censuses, 1790 to the Present,From: Government Information Quarterly, Volume 17, Number 2, pg. 161-180

その他、The Washinton Post, New York Times, Politico, Christian Science Monitor, The Los Angeles Times, The National Journal, Wall Street Journal, The American Interest, Baltimore Sun, Washingtonian, 各公式ウェッブサイト

あとがき

記念碑と人種などをキーワードに、駆け足でワシントンの街を紹介してきた。

とにかくワシントンには記念碑が多い。数え方にもよるが、記念碑といえる象徴的なものだけでも少なくとも一六〇はあるし、各大使館の敷地にある像や公園、道路沿いの彫刻なども入れるとざっと七〇〇近くになるらしい。「ワシントンっ子は記念碑が大好き」ともいわれるゆえんである。

それにしてもワシントンになぜ記念碑が増えるのか。

それは各種のグループおよび個人が思い思いの像や記念碑を建てようとするからにほかならない。多くの場合は退役軍人の会をはじめ、利益団体が「歴史をどう記憶するか」ということをコントロールしている。記念碑建設で、「そこに描かれている英雄的行為をアメリカ人がかみしめて、強力な軍の存在を支持すること」を国民に教育するためであろうか。

一九八六年、記念碑が増えすぎることに対し、「記念碑建造法」が成立した。このため、銅像を例にとると、特定の人物が亡くなって人々の熱狂が静まるクーリング・オフ期間を死後二五年とし、その時期を過ぎないかぎり、作ることができないという規定ができた。たとえば、二〇〇四年に亡くなったレーガン大統領の像が首都にできるのは二〇二九年以降になる。

また近年の規制により、「中規模な記念碑は年にひとつ、ホロコースト博物館のような博物館・美術館は一〇年に一館、第二次世界大戦記念碑のような巨大な記念碑は二〇年にひとつ」となっている。

とはいえ、最近、話題になった博物館の開館に、二〇一七年、モールの近くの倉庫を改装して建てられた「聖書博物館」がある。家庭用品などを売るチェーン店で一代にして財を築いた富豪の資産によって収集されたコレクションは、(プロテスタントであるとはいえ)キリスト教国としてのアメリカの価値観を示すものとされる。この聖書博物館は、イラクなどから出所が怪しい古代遺跡の出土品を購入した可能性があるということで問題になったものの、潤沢な資金力とロビー活動さえあれば、博物館という「公のための教育施設」を作ることがいくらでも可能なことを示す例である。

ヨーロッパ人はよく、「アメリカの歴史は浅い」と安易に片づけようとするが、ワシントンに象徴される歴史を、アメリカの歴史としてひも解いていくことは極めて困難であった。通説のアメリカ史と、新たに加えられる事実に基づく歴史認識によって、アメリカ史は常に書き換えられているからである。しかし、アメリカの歴史は紆余曲折を経ているからこそ、面白い。

また、本書を書いている間にもさまざまな事件が起こった。オバマ大統領が選出された八年後、トランプ大統領が登場した。二〇一七年にヴァージニア州シャーロッツビルで南軍のリー将軍の銅像撤去をめぐり、デモが起こったときは、白人至上主義者が車で群衆に突入し、女性一人が死亡し、多くの人々が負傷した。異なる人種観や歴史観を持つ人々が衝突することは、アメリカでは今も日常的に起こっている。第二次世界大戦以降のアメリカは、とかく個人の自由平等を尊重するという価値観を流布してきたわけだが、アメリカ全体の歴史からみると、リンドン・ジョンソン大統領が目指した「偉大な社会（Great Society）」になるべく、貧困や差別を是正しようとした時代は極めて短かったのかもしれない。

本書では、「ワシントンの街歩きだけでなく、アメリカの歴史が見えるように」という編集部の希望に沿うよう試行錯誤を重ねつつ、最終的に一冊の本にまとめるということは、取捨選択が極めて困難で、複雑な事象をいかに短くするということに終始せざるをえなかった。詳しいことをもっと知りたいという読者にはいくらでも参考書があるが、アメリカに関する刊行物は数え切れないので、むしろ何を読むべきかということに迷うかもしれない。

アメリカの歴史を詳しく知りたいという読者に推薦するとすれば、ポール・ジョンソンの『アメリカ人の歴史』全三巻（共同通信社、二〇〇一～二年）がある。英語版はペーパーバック版といえども一〇〇〇ページを超えてずしりと重く、バランスよくまとめられている。筆者が「参考書の海」に迷ったときは、目指す方向を示してくれる「北極星」のごとく、必ずこの書に戻ったものであった。もっともこの本は二〇世紀末に刊行されたのであって、二一世紀のアメリカが何をもたらそうとしているのか、書かれているわけではない。ただ、末尾の言葉は印象的である。

……アメリカは四〇〇年の歴史の中で数々の間違いも犯し、世界中に他に類をみないほどの富と権力を築いてきた。アメリカは良くも悪くも問題を作り出しては、問題を解決しようとする。アメリカ人は、問題解決のためには決してあきらめない。……

かつて幼い頃、父の仕事のために一家で移り住んだワシントンで八月の炎天下、汗だくになって硫黄島の記念碑を探しに行ったことがあった。これが筆者と記念碑の最初の出会いであった。以降、何度となく訪れたワシントンではあったが、アメリカの歴史を現時点における歴史記憶に基づいて勉強する過程ではいくつもの発見があった。というのも、諸事情により、本書の出版が大幅に遅れたことで、多くの資料に触れることができ、アメリカの歴史について熟考する機会に恵まれた。

ワシントン・ポスト本社を訪れた著者

なによりも、ワシントンでインタビューに応じてくれた四〇人以上の人々にはとても感謝している。アメリカ人はインタビューされることにとても慣れていて、急な電話でもすぐに応じてくれたこともあった。ここですべての名前を列記することはできないものの、「米国ファインアーツ委員会」のトーマス・ルブキー氏や「国立公園局（ナショナル・パーク・サービス）」の歴史家などから聞いた話はワシントンの全体像を把握するために欠かせなかった。

なお、四回にわたるワシントン滞在では千枚以上の写真を撮った。ヴァージニア州やメリーランド州などワシントン郊外へ行くこともあったが、一度、メリーランド州の国立公文書館の分館から市内へ戻ろうとしたとき、突然、レンタカーのナビがダウンしてしまった。以前、母が車でワシントン郊外へ遠出をしたとき、帰り道がわからなくなったとき、ワシントンを巡る環状道路（ベルトウェイ）と市内の放射状の道が頭に入っていさえすれば必ず中心部に帰ることができると言っていたことを思いだした。どこをどう帰ったのか覚えていないが、どうにか戻ることができたという珍道中もあった。

本書の取材では、友人でヴァージニアに住むシャー・エテマッドは、「行きたいところがあればどこでも連れて行く」と何度も希望に応じてくれた。ニューヨークからかけつけてくれた、いとこの村瀬裕子は筆者の下手な運転を見かねて代行してくれたこともあった。黒人の歴史についてはジャーナリストのカレン・デビットとの交流がとても役にたったと思う。

かつて太平洋戦争末期に海軍の士官候補生として学徒出陣した父は、広いアメリカを自分の目で見たいと、アメリカ駐在を強く希望した。まだ海外渡航がそれほど一般的ではなかった頃、ワシントンに住んだ経験は、幼かった筆者にとって〝青天の霹靂〟ではあったとはいえ、とても面白い人生経験であったことは間違いない。五年前に亡くなった父が、本書の刊行を誰よりも喜んでくれたはずである。

そして「石にかじりついてでも」と応援してくれた高文研の編集者、真鍋かおる氏には大変、お世話になった。

二〇一八年一一月

福田 直子

福田 直子（ふくだなおこ）
国際ジャーナリスト。東京生まれ。子どもの頃、父の駐在のためにワシントンＤＣに住む。上智大学卒業後、西独（当時）、エアランゲン大学で政治学を学ぶ。帰国後、新聞社を経て、出版社にて国際情報誌の編集に携わる。ワシントン情報などを担当。現在、日米欧を行き来しながらニュース系媒体に寄稿。近刊に『デジタル・ポピュリズム　操作される世論と民主主義』（集英社新書）がある。

観光コースでないワシントン

●二〇一九年 一 月三〇日——————第一刷発行

著　者／**福田 直子**

発行所／**株式会社 高文研**
東京都千代田区神田猿楽町二―一―八
三恵ビル（〒一〇一―〇〇六四）
電話０３＝３２９５＝３４１５
http://www.koubunken.co.jp

印刷・製本／三省堂印刷株式会社

★万一、乱丁・落丁があったときは、送料当方負担でお取りかえいたします。

ISBN978-4-87498-669-1 C0036

◆高文研好評既刊◆

観光コースでない シカゴ・イリノイ
デイ多佳子著 1、700円
在米30年の著者がアメリカ中西部の歴史と現在、明日への光と影を伝える。

観光コースでない ハワイ
高橋真樹著 1、700円
観光地ハワイの知られざる〝楽園〟の現実と、先住民ハワイアンの素顔を伝える。

観光コースでない ロンドン
中村久司著 1、800円
英国二千年の歴史が刻まれたロンドンの街並みを、在英35年の著者と共に歩く。

観光コースでない ウィーン
松岡由季著 1、600円
ワルツの都のもうひとつの顔。ユダヤ人迫害の跡などを訪ね二〇世紀の悲劇を考える。

観光コースでない アフリカ大陸西海岸
桃井和馬著 1、800円
自然破壊、殺戮と人間社会の混乱が凝縮したアフリカを、歴史と文化も交えて案内する。

観光コースでない サイゴン
野島和男著 1、700円
ベトナム・サイゴンの歴史と戦争の傷跡を訪ね、もうひとつのサイゴンを案内します！

観光コースでない ミャンマー（ビルマ）
宇田有三著 1、800円
軍政時代からミャンマーを見つめてきた報道写真家によるフォトルポルタージュ。

観光コースでない グアム・サイパン
大野 俊著 1、700円
先住民族チャモロの歴史から、戦争の傷跡、米軍基地の現状等を伝える。

観光コースでない ソウル
佐藤大介著 1、600円
ソウルの街に秘められた、日韓の歴史の痕跡を紹介。ソウルの歴史散策に必読！

観光コースでない 韓国 新装版
小林慶二著／写真・福井理文 1、500円
有数の韓国通ジャーナリストが、日韓ゆかりの遺跡を歩き、歴史の真実を伝える。

観光コースでない 沖縄 第四版
新崎盛暉・謝花直美他著 1、900円
「見てほしい沖縄」「知ってほしい沖縄」沖縄の歴史と現在を伝える本！

観光コースでない 広島
澤野重男・太田武男他著 1、700円
広島に刻まれた時代の痕跡は今も残る。その現場を歩き、歴史と現状を考える。

観光コースでない 東京 新版
轡田隆史著／写真・福井理文 1、400円
今も都心に残る江戸や明治の面影を探し、戦争の神々を訪ね、文化の散歩道を歩く。

観光コースでない 香港・マカオ
津田邦宏著 1、700円
中国に返還されて15年。急速に変貌する香港にマカオを加え、歴史を交えて案内する。

キューバ
伊藤千尋著 1、500円
アメリカによる経済封鎖にも武力による破壊工作にも屈しなかったキューバの姿に迫る！

※表示価格は本体価格で、別途消費税が掛かります。